中国教育三十人论坛第八届年会部分参会人员合影

中国教育三十人论坛丛书
Books of China Education 30 Forum

中国教育大变革

朱永新　杨东平　马国川 | 主编

ZHONGGUO JIAOYU DABIANGE

山西出版传媒集团　山西教育出版社

图书在版编目（CIP）数据

中国教育大变革 / 朱永新主编. — 太原 ：山西教育出版社，2022.12
ISBN 978-7-5703-2970-0

Ⅰ. ①中… Ⅱ. ①朱… Ⅲ. ①教育改革—研究—中国 Ⅳ. ①G521

中国版本图书馆 CIP 数据核字（2022）第 245159 号

中国教育大变革
ZHONGGUO JIAOYU DABIANGE

出 版 人 刘立平
出版统筹 潘 峰
责任编辑 孙 宇
复　　审 任小明
终　　审 康 健
装帧设计 王耀斌
印装监制 蔡 洁

出版发行 山西出版传媒集团 · 山西教育出版社
（太原市水西门街馒头巷 7 号 电话：0351-4729801 邮编：030002）
印　　装 山西三联印业有限公司
开　　本 720 mm×1020 mm 1/16
印　　张 18
字　　数 237 千字
版　　次 2023 年 7 月第 1 版 2023 年 7 月山西第 1 次印刷
书　　号 ISBN 978-7-5703-2970-0
定　　价 56.00 元

前言

2021年12月4日至5日，中国教育三十人论坛第八届年会在北京举行，主题为“中国教育大变革”。

2021年教育新政以雷霆万钧之势推出，“双减”、校外培训机构专项治理、民办教育发展规范调整、高中阶段组织分流等政策，涉及千百万学生、家长、教师的切身利益，在教育界产生了巨大影响。如何全面正确理解2021年的教育新政，如何解决新政执行中的难题和挑战，这些问题涉及国家治理、教育的正本清源，需要通过深入而切实的讨论达成共识，从而推进教育新政的贯彻落实，形成良好的教育生态。

为此，中国教育三十人论坛第八届年会主题确定为中国教育大变革，邀请著名教育家、企业家及基层教育管理者跨界讨论汇智聚力，共同为中国教育健康发展把脉开方。本届年会采用线上为主，线上线下相结合的方式进行，北京是线下主会场，有七位著名的思想家、企业家、教育家发表主旨演讲，还有六个专题讨论，分别围绕“‘双减’：难点与对策”“普职分流：如何缓解焦虑”“家庭教育：如何吸引教育新政”“元宇宙对教育意味着什么”“新形势下地方教育治理”和“让教育变成幸福的事情”等话题展开讨论，共有四十余位嘉宾智慧碰撞。

本届年会是2021年教育界的一大盛会，四十余位嘉宾从多维度探讨教育新政，分享成功经验和有益探索，提出诸多有价值的建议。特别是曹德旺先生的演讲及与朱永新老师的高端对话，在企业界、教育界等社会各界引起了广泛关注。

本届年会受到了社会的高度关注，二十多家主流媒体对年会盛况进行了及时全面的报道，对演讲嘉宾进行了专访。搜狐教育、腾讯教育、网易教育、新浪教育和巨浪等五大平台进行直播，收看直播的达七百六十三万人次，加上收看回放的观众，累计超过一千万人次。有关论坛的热点内容，媒体还在自发地以短视频等形式快速传播。

本届年会得到了战略合作单位山西教育出版社的大力支持，得到了中关村互联网教育创新中心和中译出版社的大力支持，得到了合作媒体中国慈善家杂志的大力支持。在此表示感谢。

作为中国教育三十人论坛的长期战略合作伙伴，自论坛成立以来，山西教育出版社在论坛组织、筹备过程和论坛系列丛书出版过程中，一直给予了大力支持，在此表示感谢。

论坛秘书处将本届年会各位演讲嘉宾的发言精心整理，编辑出版，就是希望“放大智者的声音”，以实现论坛“凝聚社会共识，推动教育改革”的初心。中国教育三十人论坛今后将继续架设学术研究与公共政策之间的桥梁，为办人民满意的教育建言献策，为中国教育改革发展贡献力量。

中国教育三十人论坛学术委员会

2022年1月3日

目　录

开幕式致辞

主旨演讲

“双减”论坛

“普职分流”论坛

家庭教育论坛

元宇宙教育论坛

地方教育治理论坛

幸福教育论坛

附　录

开幕式致辞

杨东平

国家教育咨询委员会委员
21世纪教育研究院理事长
中国教育三十人论坛成员

教育新政达成共识　形成良好教育生态

各位来宾，各位朋友，女士们、先生们，新闻媒体的朋友们：

大家上午好。

首先，我代表本次活动的主办方中国教育三十人论坛，对大家的到来表示热烈的欢迎！

对中国教育三十人论坛，我非常有感情。中国教育三十人论坛自2014年“呱呱坠地”，到后来“蹒跚学步”，今年已经八岁了，在论坛成员和社会各界人士的呵护培育下，已经成为一个朝气蓬勃的少年儿童。驻足回望，我们创办这个论坛的初心，就是希望能够汇集富有教育情怀、追求教育梦想的教育家、经济学家、法学家、哲学家等各界人士，共同研究探讨中国教育的重大问题，架设学术与公共政策之间的桥梁，推动中国教育的改革和发展。现在看来，我们用教育情怀和教育梦想守望的这个论坛，初心未改，前进的脚步铿锵有力。

回首过去的八年，中国教育三十人论坛始终坚守“凝聚社会共识，推动教育改革”的初心，在国内外举办了近四十场论坛。在2021年疫情常态防控形势下，我们举办了三场大型论坛，包括：5月29日以“出路：

探寻乡村教育的未来”为主题的振兴乡村教育公益论坛暨《大山里的未来学校》新书分享会，9月23日线上主办的以“幸福感：学习的内驱力”为主题的第二届“中国丹麦教育论坛”，11月6日、11月7日线上主办的以“新常态：教育有什么新前沿？”为主题的第四届世界教育前沿论坛。此外，中国教育三十人论坛在7月23日主办了“教育新政下的民办学校”研讨会，在9月14日主办了“改善家庭学习环境，促进乡村教育振兴”主题沙龙。还有一些活动，虽然做了长期精心的筹备，但因为疫情原因只能延期了。

2021年主办的这些活动，我们一如既往地坚持问题导向，围绕教育热点、难点、焦点话题，汇聚海内外著名专家学者，围绕问题展开热烈研讨，取得了丰硕的成果。目前已出版中国教育三十人论坛系列丛书十六本。论坛的总结报告多次得到国务院领导同志的批示，对教育改革产生了积极影响。

经过八年的努力，中国教育三十人论坛产生了广泛而积极的影响，得到了决策部门和社会各界的广泛认可，已经成为国内知名的教育智库，影响越来越大。2019年11月9日，中国教育三十人论坛被评为中国教育智库“社会影响力”前三名。

各位嘉宾、各位朋友，新闻媒体的朋友们，过去的八年，中国教育三十人论坛的各位名家一直坚守初衷，密切关注教育最新动态，卓有成效地开展工作，得到了越来越多教育同行者的热情帮助和大力支持。在此，我谨代表中国教育三十人论坛，向大家表示真诚的感谢！

今年的年会主题，我们聚焦“中国教育大变革”，具有重要的现实意义。2021年，教育新政以雷霆万钧之势次第推进。“双减”、校外培训机构专项治理、民办教育发展规范调整、高中阶段“普职分流”等政策涉及千百万家长、学生、教师等群体的切身利益，在教育界产生了巨大影响，社会各界也反响强烈。如何全面正确地理解2021年的教育新政？如何解决新政执行中的难题？经过结构性调整后将出现什么样的教育新格局？这些问题涉及国家治理，涉及教育的正本清源，应该通过深入而切实的讨论，达成共识。只有得到社会各界人士的理解与支持，教育新政才能贯彻执行下去，一个良好的教育生态才有可能形成。

为此，中国教育三十人论坛将第八届年会主题确定为“中国教育大变革”，邀请著名教育家、企业家及基层教育管理者跨界讨论，汇智聚力，共同为中国教育健康发展把脉开方。

本届年会采用线下为主、线下线上相结合的方式进行，北京设线下主会场，有七位著名的思想家、教育家、企业家发表主旨演讲，还有六个专题论坛，分别围绕“‘双减’：难点与对策”“普职分流：如何缓解焦虑”“家庭教育：如何适应教育新政”“元宇宙对教育意味着什么”“新形势下地方教育治理”和“让教育变成幸福的事情”等话题展开讨论，共有四十余位嘉宾智慧碰撞，这是围绕2021年教育新政的一次精神盛宴。

本届年会得到了战略合作单位山西教育出版社的长期支持，得到了中关村互联网教育创新中心和中译出版社的大力支持，得到了合作媒体中国慈善家杂志的大力支持。在此，我代表中国教育三十人论坛，向以上支持单位表示衷心感谢！

本届年会有二十多家主流媒体参与报道，腾讯教育、新浪教育、搜狐教育、网易教育、凤凰网和巨浪等平台将全程直播论坛盛况。在此，向新闻媒体的朋友们和参与直播的公司表示衷心的感谢！

最后，祝愿中国教育三十人论坛第八届年会圆满成功，祝与会的朋友们身体健康，万事如意！

谢谢大家！

乔卫兵

中译出版社社长、总编辑

面向教育的新社会契约

尊敬的各位来宾、各位朋友、媒体界的朋友们：

大家上午好！

今天，非常高兴能与大家一起参加中国教育三十人论坛第八届年会。中译出版社能作为战略合作单位与中国教育三十人论坛以及其他合作伙伴一起承办此次年会，我感到非常荣幸。下面我有三点想法跟大家分享：

第一，教育政策与秩序正面临着巨大的变革，需要我们深入思考时代带给我们的诸多挑战。自《中华人民共和国民办教育促进法实施条例》和《关于进一步减轻义务教育阶段学生作业负担和校外培训负担的意见》发布以来，教育行业的政策基调由“大力发展”转向了“有序监管”，教育格局正处于重塑之中。在此过程中，教育的自我反省、国外新鲜教育理念的借鉴、科学技术的创新、资本力量的变动等将对教育的重塑产生共同作用，形成历史的合力，同时也为教育发展创造了新的空间、新的可能。

第二，随着我们出版的元宇宙系列图书的热销，元宇宙的概念一直在持续升温，成为现象级的热词。元宇宙并非虚无缥缈，它是有技术与产业支撑的，是通过整合物联网、大数据、人工智能、电子游戏、人机交互、区块链六大基础技术而形成的一种新型的虚实相融的下一代互联网形态，将塑造一种可能的新的社会形态。元宇宙的概念引发了科技界、资本界、企业界的关注，也激发了文化界与教育界的新思考。元宇宙与教育可以有怎样的关系？元宇宙为教育带来了怎样的新机遇？元宇宙让教育又面临怎样的挑战？在终将到来的元宇宙时代里，教育将拥有无数可能等待我们去探索。我们对未来充满了无限的想象力。

第三，近期，中译出版社作为联合国教科文组织《信使》杂志的中文版出版方，出版了一期以“面向教育的新社会契约”为主题的特刊。经我们的梳理与提炼，我们认为这份新的教育的新社会契约理论，涵盖了教育体系的新三大支柱（同理心、创造力和批判性思维）、终身学习、创新思考、科学精神、女性教育（女童和妇女）、应对数字化转型的知识与技能、生态环境教育、共同行动与集体努力等八个方面。国家主席习近平的夫人彭丽媛女士的专访文章“共同努力，使未来的世界因教育而更加精彩”也刊载其中，一经发布便受到国内外人士的广泛关注和赞誉。教育的新社会契约，着眼于未来的教育、健康的教育、平等的教育与共享的教育，值得我们教育界深度关切。在此，我希望未来有机会，与中国教育三十人论坛的各位专家、学者一起，就该问题展开更深层次的学术研讨。

再次感谢各位专家学者对中译出版社的关注与大力支持，预祝本次论坛取得圆满成功！

谢谢大家！

杨　丹

中关村互联网教育创新中心主任

重塑教育理念　重构学习方式

尊敬的朱永新主席、杨东平理事长、张志勇院长、乔卫兵社长，尊敬的各位领导、专家学者、参会嘉宾以及在线的广大关注中国教育发展趋势的朋友们：

大家上午好！

激荡思想、充满智慧的中国教育三十人论坛年会在教育各领域人士的迫切期待中如期举办，尤其是在当前教育改革发展的外部环境和宏观政策环境发生深刻变化，国内教育行业发展格局面临重大调整的关键时期召开就显得尤为重要。作为我国教育领域的权威智库，中国教育三十人论坛始终站在时代最前沿，以宽广的视野审视教育对社会发展前进的作用，激发社会各界人士对教育现状和未来的深刻反思，以交流凝聚社会共识，以思想推动教育改革，得到了决策部门和社会各界的普遍认可。本届年会以“中国教育大变革”为主题，立意高远，恰逢其时，既是对教育行业发展处于转折期的集中思考，同时也是在科技发展背景下，一场寻找教育发展新路径、新领域、新方法的思想盛会。希望本届年会能够在各位专家学者的共同努力下，引领教育大变革的时代方位。

随着我国社会经济发展进入新发展阶段，以及后疫情时代人类对社会发展趋势的思考，重塑教育理念、重构学习方式已逐步演进为社会大众的普遍需求。今年教育新政频出，伴随“双减”“五项管理”“教育评价”“教育新基建”“民办教育促进法实施条例”等重要政策出台，以及全国职业教育大会的召开，我国教育正在进入系统性、深层次变革的新阶段，高质量发展稳步推进。一方面，教育的根本目标更加清晰，教育实施过程更加科学，学校教育主阵地作用更加凸显；另一方面，推动教育创新发展的底层逻辑发生扭转，教育行业在面临“重大挑战”的同时也迎来新的发展契机。比如，部分教育企业已经快速地完成了自身角色与社会功能的转换：一是发挥机制灵活的特点，将业务从面向学生转向面向学校，从服务校外转向服务校内，利用丰富多样的教育资源支持课后服务，助力校本课程建设，促进学生全面发展；二是充分发挥在科技赋能教育方面的优势，不断创新互联网、大数据、云计算以及人工智能等在教育教学场景中的应用，促进提升校内教学效率、创新学习方式；三是积极向家庭教育、职业教育、终身教育等领域转型或深化服务，积极参与乡村教育振兴，教育对外开放，协同教育科研成果落地转化，以高技术和反复实践，开创出更多教育领域的新成就。

当然，在教育新政落地执行过程中，在教育行业格局升级重塑过程中，还有很多问题需要深度研讨以正本清源；还有很多困难需要勇敢面对以破除障碍。因此，亟须专家学者的智慧引领与社会各界的真诚对话。作为中国教育三十人论坛的长期战略合作单位，中关村互联网教育创新中心将坚持依托论坛的教育智库力量，发挥自身教育创新创业生态平台优势，为推动更多教育先进理念的对话交流与落地实践贡献力量。

最后，预祝中国教育三十人论坛第八届年会取得圆满成功，谢谢大家！

主旨演讲

曹德旺

福耀玻璃集团创始人、董事长

教育更需转型升级高质量发展

尊敬的大会主席、线上线下的朋友们：

早上好。

今天中国教育三十人论坛第八届年会在北京召开，我非常荣幸能够参加，在专家云集的地方我将谈谈个人粗浅的看法。我是一名企业家，不是教育方面的专家，如果有说得不对的地方，请大家见谅。

我对教育和社会上的很多事情都很关注，我认为一个国家的发展壮大要靠大家的共同努力，每一件事情我们都要去关注、去关心，只有这样，这个国家才能好。我先讲几点我自己对目前的一些社会现象和教育现象不理解的地方，看看跟大家有没有共鸣。

第一，近年来社会上非常关注大学生的就业问题，探讨大学生就业难的原因，一直担心大学生找不到工作，这是好事情。但是对于作为私企老板的我们来说，我们并不担心大学生就业难的问题，我们担心的是招聘的时候招不到优秀的大学生。不是我企业的经营管理不行，我们企业在全世界十一个国家都有工厂，每年都会委派大批的人员去工作，但我们照样招不到优秀的大学生。

第二，大学的许多学科与社会真正需求不能够相适应，就是说我们培养的学生不一定适应企业的需求。

第三，社会上很多大学生就业的目标偏重于公务员，如果考不上公务员就干脆躺在家里或者等着父母帮助找工作。

教育投资由两大部分组成，第一靠国家和地方政府投资，第二靠私人资本投资。第一个是国家为了普及教育，提高国民素质，属于事业范畴；第二个是以追求利润为目的，把教育产业化，属于产业范畴。我认为教育应该是事业，而不应该是产业，资本进入教育，对老百姓来说是一件非常不公平的事情。

我看到了这些现象，想必大家也都看到了，那这到底是什么原因造成的呢？我认为有以下几点：

第一是贫穷。1949年以前中国很穷，因此我们实行了计划经济。一直延续到1978年，邓小平同志提出了改革开放。当时的经济状况应该说是很糟糕的，买火柴、香烟等都需要票，因为生产力跟不上。在这个时期，高中生考上大学的非常少。这就带来了第二个问题，大学生名额少，那时教育为政治服务，这样一来，就出现了一个代名词——“天之骄子”。谁家的孩子考上了大学，在家族里是非常荣耀的。一个家庭里有大学生，就能光宗耀祖。这个现象到现在还存在，实际上这是一种非常落后的观念。现在有了民办大学，我们总的升学率可以做到70%—80%，但我们对大学生的成长及其他各方面的管理方式却还停留在以前。2000年以后，民营资本介入了中国教育，这时候大学生多了，而我们的大学生在这个情况下却做了什么事情？公务员需要通过考试来选拔，可我们的大学生一旦考不上公务员，便觉得没有面子，他们认为公务员是金饭碗，他们期待有一个机会能考上公务员，于是就停留在城市或者不工作直到考上公务员。

对于大学生难就业这个问题，其他国家有没有好的解决办法？就这个问题，我请教了几位其他国家的教育界朋友。日本朋友认为中国大学生难就业，主要原因是大学生缺乏自信。在大学期间，大多数学生没有在企业里实践过，所以会担心自己毕业离开学校后找不到工作。而日本在这方面做得还比较成功，日本有些学校是对接企业的。美国朋友认为美国的做法是让孩子们在小学、初中、高中的时候就学会了解自己，知道自己的潜力。进入大学之后，大学会培养孩子们的宗教信仰，让孩子们周末去勤工俭学，假期去打工来锻炼自己各方面的能力，提早让孩子们融入社会，培养他们工作的能力。他们认为就是这种教育方式造成了中国现在大学生难就业的现状，而解决的途径就是从教育方式上来找解决方案。

我们中国教育三十人论坛的专家都是国内顶级的专家，因此，我认为我可以跟你们讨论这个问题，所以我提出了这个建议，我们应该弄清楚年轻人难就业的原因。

我办了一所中学，之前学校管理者经常对标农村中学，我觉得很郁闷，问为什么要对标农村中学，他们说城市中学跟农村中学有区别，农村中学考上清华、北大的比例低，对标农村中学才有进步的空间。我后来强制性地要求他们对标城市中学。你们作为论坛的组织者，应该有一定的责任。今天的中国已经通过改革开放成功实现了经济转型，成为全球第二大经济体。中央在去年提出转型升级，谋求高质量发展。我认为我们也有责任推动中国教育的转型升级，谋求高质量的发展，这应该成为三十人论坛的主要任务。这是我的期望。

我就讲到这里，谢谢大家！

朱永新

中国陶行知研究会会长
新教育实验发起人
中国教育三十人论坛成员

人工智能时代，我们究竟应该学什么？

各位朋友：

大家好！

中国教育三十人论坛选择“中国教育大变革”作为第八届年会的主题，这个选题非常好，应该说，“双减”政策是中国教育大变革的重要契机。“双减”表面上看来是减轻校内课业负担、减轻校外培训负担，其实有着更深层次的考虑。

昨天教育部同志说，“双减”就是要实现两个重构：一是重构中国基础教育的育人模式，二是重构中国基础教育的良好生态。“双减”政策出台比较急，“下药”比较猛，最主要是为了回应社会的热切呼声。最近几年，资本疯狂地在教育里扩张，造成了整个教育生态系统的紊乱，孩子们的课业负担越来越重，再不下猛药难以治愈，与办人民群众满意的教育也会有很大的距离。

当然，在“双减”过程中的确也出现了一些问题，我想，这些问题也只是前行过程中出现的问题，在推进教育改革的过程中需要不断完善。教育部同志也表示，再往下走，要想得更远一点，走得更实一点，能够把负面的效应降低到最低程度。

我今天讲的主题，跟下一步我们应该怎么做有着一定的联系，题目是：人工智能时代，我们究竟应该学什么？

为此，我准备讲五个方面：一是人工智能时代，我们应该学什么；二是学什么，谁说了算；三是人工智能时代教育有什么新特点；四是未来我们到底应该学什么；五是如何改造我们的学习。

一、人工智能时代，我们应该学什么？

大家都知道，教育的实践，主要关系到教和学两大领域。教主要涉及教什么和怎么教。学主要涉及学什么和怎么学。前者，指教材的内容和教法，后者指课程的内容和学法。由此，派生出谁来教、谁来学，怎么教、怎么学，为什么教，为什么学等一系列问题。

教什么和学什么，也就是课程和教材的问题，是教育内容的问题。它是教育的基础性和关键性问题。随着教育重心由教向学的转变，归根结底还是学什么。学什么非常重要，因为课程的丰富性决定了生命的丰富性，课程的卓越性决定了生命的卓越性。一句话，教育内容的高度决定了生命的高度。

最近我看了美国乔治梅森大学经济学教授布莱恩·卡普兰博士的一本书《反对教育的理由：为什么说教育体系在浪费时间和金钱》。其中讲到美国一个很有意思的中学生参与度调查，66% 的高中生说，他们每天上课都很无聊；17% 的高中生说，他们上每节课都很无聊；只有 2% 的学生声称他们在课堂上从来没有感到过无聊。为什么这么无聊？82% 的学生说学习内容没有意思。41% 的学生说这些内容与他们毫无关系。

卡普兰在这本书中对美国教育的这种浪费现象进行了严厉的抨击，认为美国教育系统浪费了大量的时间和金钱。而作为一个经济学家，他用精算证明，美国的教育投资大，产出低，未能提高学生的生产率或丰富他们的人生。而文凭通胀贬值也大大增加了全社会的教育成本。

为此，他提出两条建议：第一，从课程中减少“脂肪”，也就是把课程的内容大大缩减。第二，削减学费补贴，也就是减少对应的教育经费。他特别提出来，历史、社会研究、艺术、音乐、外语这些课程首先要减。减掉一些课程，学生才能够在真正的课堂上更加努力地学习，可以加强阅读、写作和数学方面的教学。

卡普兰对于教育内容的关注以及他的减法思维有一定的道理。但是，他的药方开错了，他的两条具体建议我都不赞同。因为像历史、社会、艺术、音乐、外语这些课程都有它独特的功能和作用。尤其是艺术，可谓无用之大用。他关于减少教育经费的建议，我也不能够同意，关键是把钱用在什么地方。我们的教育还是很需要增加投入的。

二、学什么，谁说了算？

其实，在相当长的一段时间，人类早期的教育都是在家庭中进行的。所以，学什么内容，基本是父母说了算，父母让孩子学什么，孩子就学什么，孩子在生活中进行学习。

国家形态出现后，为了培养统治阶级需要的人才，开始了最初的专门化的教育。为了培养统治阶层，他们需要有礼、乐、射、御、书、数等六艺的学习，科举制度产生之后，教育内容围绕科举展开，这些内容也主要是为了满足少数统治者的需要。这个时候，大部分人都是没有受教育机会的。

进入工业社会之后，教育的对象拓展了，义务教育制度的出现使得全员都能够接受教育，培养学生读写算的能力是教育很重要的部分，提高学生读写算的能力主要是为了适应机器化生产，更多的也是从国家的角度来考虑的，整个内容的设计很少是为了个人的需要。学习者也没有决定自己学什么的权利。

从信息社会开始，随着人本主义思潮的影响和工业化教育弊端的显露，人们越来越开始关注个人的需要。这一点，我们从联合国教科文组织的几个重要文件中可以窥见一斑：

1972年，联合国教科文组织发布了《学会生存——世界教育的今天和明天》的报告，提出了“学习型社会”和“终身教育”的概念。这两个概念给了我们什么启示呢？也就是说，学习内容已经不是简单地在学校就能学全，学习是一个终身的事情。这个文件被称为“富尔报告”，我们差不多用半个世纪的时间，才把报告中讲的终身教育的理念逐步变成终身教育的实践。

1996年，联合国教科文组织发布了《教育——财富蕴藏其中》的报告，提出了学会认知、学会做事、学会生存、学会共同生活等教育的四大支柱。这对传统的教育内容又提出了一个更加鲜明的改造，强调做事、生存、共同生活等。这份报告被称为“德洛尔报告”，四个学会的提出是教育领域非常重要的变革，它打破了知识中心的教育格局。其实，现在整个教育内容里依然没有真正实现这四个学会，如果这四个学会成为教育内容，学生还不感兴趣吗？关键是教育没有把它落到实处。

2015年，联合国教科文组织又发布了《反思教育：向“全球共同利益”的理念转变?》的报告，彰显了人文主义、以人为本的教育观，强调更多的人文教育内容，更多的人类共同利益的观念。

到了2021年，也就是今年的11月10日，联合国教科文组织又发布了一个非常重要的报告《共同重新构想我们的未来：一种新的教育社会契约》。这份报告有着非常深刻的内容。其中特别强调教育的两个方面，主张在考虑一个人的终身教育权的基础上，要强调一种新的教育社会契约，强调教育作为一项公共行动和一种公共利益的功能。这个报告虽然有两个方面的要义，但更重要的是强调了生态主义的教育观，它超越了传统的人文主义，这是教育哲学的一个新的变化。过去我们所有的教育都是以人为主，认为人是这个世界唯一最重要的存在，而这份报告特别强调人和生态同样重要，人的生命和其他的生命同样重要，我们在教育过程中怎么更加重视环境、重视生态，这是未来教育非常重要的走向。

上述呼吁与倡议，能否成为各个国家的教学内容，仍然需要相关国家的教育行政部门最终决定。

三、人工智能时代教育有什么新特点?

我们知道，在以互联网、人工智能、大数据、区块链等为代表的前沿科技的驱动下，社会各界都出现了一些非常重要的变化。这些变化对我们的教育内容，乃至我们的教育组织形式——学校的形态，都会产生影响，进而带来非常深刻的变化。我认为，至少有六个特点是值得我们关注的：

第一，社会的信息化。

我们已经进入信息化时代，信息爆炸，人类的知识呈几何级数增长，新知识不断涌现。我们在学校里面学习的内容跟不上新知识生长的速度。

第二，资源的泛在化。

教育资源泛在化，学校不再是获取知识的唯一场所。随时、随地，线上、线下，人人都可以获得知识。在学校学习的这种合理合法性受到了很大的挑战。有些国家还出台了《在家学习法》，学生通过网络在家里就可以学到学校里教的所有东西。美国现在有两三百万在家学习的儿童，其实我们中国也有。

第三，职业的流动化。

一种职业干一辈子的时代过去了，新的职业不断出现，一些行业退出历史舞台。在西方发达国家，大概一个人一生平均有十次以上改变职业的机会。过去学校教育为职业做准备的这样一种理念和形态，也将发生很深刻的变化。很多国外大公司明确不看专业背景，只要求学生具有好的素养。

第四，技术的赋能化。

过去，我们主要是靠自己的大脑在进行学习。现在互联网、人工智能、区块链、大数据等高新技术，都在为教育赋能。马斯克已经把芯片装在人的大脑里了。未来人的学习方式、认知将会发生非常大的变化。通过认知外包，人的学习能力也会大大增强。传统的以记忆和再现知识为主要目标的教育方法也会发生很大变化。

第五，学习的终身化。

过去，教育基本是一次性完成的，从幼儿园、小学到中学、大学，是一种刻板式的阶段式学习，而未来的学习则是要贯穿整个人生。从连续性的学习走向间隔性的学习、终身化的学习。

第六，教育的个性化。

在传统的教育中，中小学的教育内容、教育时间、教育空间都是被填满的，学生很少有选择的空间。未来将越来越注重个性化、多样化的需求，满足不同人群的特色需要。

四、未来我们到底应该学什么？

这是一个非常重要的问题。

英国罗斯玛丽·卢金教授在《智能学习的未来》一书中，重新定义了人类智能，详解了人类智能的七大要素。一是学术智能，是对关于事物的整体性理解和解决复杂性问题的智能；二是社交智能，是与人沟通交往和良好合作的智能；三是元认识智能，是关于对知识及其意义、形成过程的认识智能；四是元认知智能，是我们对自己的思维、自己知道什么以及不知道什么的智能；五是元主观智能，是我们对自己的情绪和动机、人际关系的理解的智能；六是元情境智能，是我们对自己的身体与周围环境相互作用的方式的把握智能；七是自我效能感，是我们对于自己如何行动的认知以及控制自己行为方式的能力。

我们新教育实验也一直在认真思考，努力探索着哪些方面在未来教育中应该特别加以关心，加以强化。我们把课程体系设置为：以生命课程为基础，以求真的智识课程、求善的德育课程、求美的艺术课程为主干，以特色课程为枝叶，进行建构。因此也有了下面的目标和路径。这是一个非常重要的问题。我们新教育实验这几年也一直在认真地思考，努力地探索。我们认为有这么几个方面在未来的教育中应该特别加以关心，加以强化。

第一，新生命课程，为了生命的长宽高。

我们提出了拓展生命的长宽高，这是我们新教育生命教育的一个非常重要的主题。我们把人的生命分成生命的长度、生命的宽度和生命的高度。教育是为人的生命而存在的，生命都没有了，教育还有什么意义呢？

前一段时间，河南的两位中学生十分钟心肺复苏救回晕倒的路人的故事感动了无数人，大家都给予很高的评价。其实，教会学生自救和救人是我们教育本来应该解决的问题。在我们的生命教育教材中，我们把一个学生需要的所有的急救知识，包括自救和他救的知识都教给了学生。近期我们还从新闻媒体了解到，中小学生自杀的现象时有发生。这就是我们生命教育的缺失带来的一些大的问题。教育首先要让人们能够更健康地活着，更有意义地活着。

除了关心生命的长度，我们还关心生命的宽度，希望大家能成为一个受欢迎的人；除了关心生命的长度，我们还关心生命的高度，希望大家能成为一个有价值、有信仰的人。刚刚跟曹德旺先生对话的时候，他也特别强调要关注信仰和价值观的问题，这也是生命的大问题。这些生命的大问题，长度、宽度、高度在我们的教育里都没有得到足够的重视。最近，我们在深圳宝安的一个新教育实验学校里专门建了生命教育馆，作为新生命教育的学习中心。

第二，新智识课程，为了思维的洞见力。

要特别注重培养人的思维能力、思维的洞见力。这也是我们新教育实验强调大科学、大人文教育理念的一个很重要的原因。我们对大科学概念和大人文概念这样一个框架做了一些思考，认为未来的教育要特别强调思维能力的训练，重视以数学和哲学为核心的科学精神、人文情怀和思维方法。

我们的教育体系中，文理分科太早，我们的教育刚性的东西太多，柔性的东西太少，这样我们的思维能力会受到很大限制。新科学教育与新人文教育的课程，不要学那么难、那么深，否则的话，所有人都受不了，要注重培养科学精神与人文情怀，尤其注重思维方法，注重批判性思维。这是未来应该解决的一个大问题。

第三，新德育课程，为了人类的可持续发展。

这是我们新德育要特别强调的问题。为了人类的可持续发展，怎么把德育落到实处，对于这个问题，我们一直在思考，没有活动，不通过实践，没有参与，是很难真正培养一个人的德行的。我们通过模拟法庭、模拟政协、模拟联合国，通过教育领导力的培养，让一个人有比较好的法治意识，有比较好的协商沟通能力，有家国情怀。

联合国教科文组织于第四十一届大会期间面向全球发布《共同重新构想我们的未来：一种新的教育社会契约》报告，明确指出，人类当下面临着多重危机：不断扩大的社会和经济不平等、气候变化、生物多样性丧失、超越地球边界的资源利用、民主倒退等，是我们处在当前历史节点的标志。而矛盾的发展趋势，正在引导我们走向不可持续发展的未来。

报告提出了新的教育契约的两项基本原则：第一，就是要确保人们终身接受优质教育的权利。教育要跨越不同时间和空间，进一步增强包容性和可持续性。第二，把教育作为一项公共行动和一种公共利益的功能。教育作为一项共享的社会行动，其目的在于建立共同的目标，让个体、团体、国家和人类实现共同的繁荣，强调超越传统的人文主义，强调构建新的生态系统。环境教育、生态文明教育需要引起高度重视。

第四，新艺术课程，为了心灵的创造性。

新教育实验特别强调注重儿童天性的自由发挥，注重艺术的欣赏力和艺术情怀的培养，注重培养具有艺术精神、艺术思维和健全人格的人。

美国国家教育科学院，在对1999—2000学年度与2009—2010学年度的艺术教育进行对比研究时，做过一个有五万多本科毕业生参与的问卷调查。其中有一个问题是："什么知识最有用?"回答的结果颇耐人寻味。毕业一到五年的学生，他们的回答是"基本技能更有用"。毕业六到十年的学生的回答是"基本原理更有用"。毕业十到十五年的学生的回答是"人际关系更有用"。而毕业十六年以上的学生提出了"艺术最有用"。我认为这是一个很值得关注的研究课题。

第五，特色课程，为了个性的张扬。

教育是为了让人成为更好的自己。最好的教育应该尽可能满足不同人的个性化需要。但是，如何落实呢？新教育实验的方法是推进特色课程。一般特色课程通常是教育的点缀，新教育实验推出的特色课程则是希望以人和事的特色为入口，贯穿在生命、智识、德育、艺术的各个课程之中，能够激发每个人的潜力，从而让一个人成为更好的人，让一所学校、一间教室、一个家庭也能成为更好的学校、教室和家庭。

为了推动这些课程的落实，我们不仅以国家教材为基础，进一步丰富相应的课程，我们也研发了新生命教育读本、新人文教育读本等，更为集中、更为明确地呈现课程，提供指导。

为了个性的张扬。未来的课程至少要给学生留下30%—50%的空间去满足他个人的需要，我们知道，北京的重点学校开设的课程很多，但是中国95%以上的学校是不可能做到的，这样的课程怎么开设？我们应该动用社会力量。其实我们在整顿校外培训机构的时候，应当注意他们对学科的研究可以为我们所用，满足个性化需求。最好的教育是让人成为他自己。虽然众口难调，但是一定要尽可能满足每个人的个性化需要。

五、如何改造我们的学习？

关于这个问题，我在《未来学校》以及《走向学习中心》这两本书里面已经做了一些探索。对于学习内容和学习方式的变革和改造，我提出了三点想法。

第一，从学校走向学习中心。

这是一个教育空间的变革。也就是说，我们不能仅仅在学校里学习。社会就是我们的大课堂，各种各样的优秀的教育资源、优秀的社会精英都将可能成为我们的老师，能者为师的时代将会出现。

第二，从固定的学习走向弹性的学习。

我觉得这是一个很值得研究的问题。前几年，莫言曾经在全国两会上提出要缩短学制，易中天等学者以及一部分人大代表、政协委员，也都提出要缩短学制。仔细想一想，我们正规教育的学习时间的确太长了，一个人要读完博士差不多要将近三十岁了。人的创造力最强、最旺盛的这样一段时间，其实往往被浪费了。而且，我们幼儿园阶段还不允许学习知识，中小学不允许超大纲。这样一个整齐划一的教育其实是不符合教育规律的。

未来的教育必然以弹性学习为基础。你什么时候开始学习，什么时候学什么，什么时候休息，应该由每个人自主来决定。很多人可能不用十年就可以学完我们的基础教育的内容。所以，没有必要缩短学制，而是让每个人决定自己的学习时间。人生下来就开始学习了，幼儿园为什么不能学习呢？只不过不应该去考核他，不要和升小学挂钩，不要让他有压力。因为幼儿是把字看作图画的，在自然活动中就可以认识很多字。未来不要一刀切，让学生来选择什么时候需要学习什么内容。对于很多人来说，我主张工作学习交替进行，因为在工作中最能调动一个人的学习动力，未来这种传统的为职业准备的学校刚性约束制度会被淘汰。

第三，从学历社会走向学力社会。

卡普兰博士在《反对教育的理由：为什么说教育体系在浪费时间和金线》这本书中提出，教育的很多问题，背后都是一个文凭在作怪。因为这个文凭的含金量实在太高了。人们为了文凭的含金量去取得文凭，而不是为了获得真正的能力去取得文凭。这样一个评价体系，这样一个魔咒不解决，我们其实很难真正解决我们学习方式方法的问题，也难以解决我们整个教育的问题。所以我提出，文凭的这种象征意义和符号性，过去是有价值的，因为当文凭还是稀有物品的时候有一定的价值，但是当每个人都有文凭的时候，就失去了其本来具有的价值。未来不在于你得到什么文凭，而在于你学习到了什么，你有没有通过学习真正成长起来。所以我们提出要通过学分银行来动态记录一个人的学习经历、成长经历，这样才能够让我们做得更好，我们的教育才会回到它原来的模样。

总而言之，学什么是整个教育的一个逻辑起点，一个基础性的、关键性的问题。我们必须把这个问题梳理清楚，才能够解决教育的其他问题。我们的教育应该进行改革，这是需要我们重新思考的问题，思考的逻辑起点在哪里？我认为是学习内容的变革。学生对学习的内容感兴趣了，学习对他们来说就不再是痛苦的。“双减”，减的是不合理的负担。面对自己喜欢的学习内容，学生会通宵达旦地看书、做实验。选对了学习内容，自然就解决了学生不想学、心理压力大的问题。

在这样一个教育大变革时代，我们的确需要变革的思维、变革的精神和变革的勇气。让我们一起努力，为中国教育的改革出主意、想办法，一起推动中小学和民间的教育机构积极探索，积累好的经验和方法。

杨东平

国家教育咨询委员会委员
21世纪教育研究院理事长
中国教育三十人论坛成员

更新我们的教育文化

大家好，我向大家汇报的题目是《更新我们的教育文化》，其实就是呼应刚才曹先生和朱永新老师讲的那些问题，即教育如何进行转型升级、什么是好的教育、中国下一步的教育应该做哪些变革。

我们进行的“双减”变革，它要回应的是我们能不能从应试教育中突围出来。我们把课业负担都归结为应试教育。我们对应试教育的批判和围剿持续了很多年，但应试教育仍然愈演愈烈。为什么素质教育难以实现？因为这是非常复杂的教育生态的改善，包括学校制度、评价制度、教育的供求关系、利益集团等。我认为我们可能忽视了一个问题，就是教育哲学或者说教育价值观，因为讲到底，一个社会的制度、体制、政策，它的背后是由文化观念决定的。

这个教育价值观是什么呢？我把它称为“升学主义”。曹先生刚刚说了为什么大学生不愿意去工作，不愿意从事体力劳动。因为三百五十九行的价值都没有读书高，这种状态是什么时候形成的？今天是不是还应该倡导、追求高升学率，乃至“北清率”？我写过一篇文章：北清率已经成为一个有毒的负面指标。一些基层政府为了“零的突破”，不惜违背学生意愿，让学生考北大、清华，完全不顾学生的兴趣特长，非常恶劣。读书做官，出人头地，成为人上人，这种观念已经成为"正能量"，而倡导民主主义、平民主义，这些都是"负能量"。20世纪50年代，我们用的是另一套话题抵制唯升学率，叫作"一颗红心，两手准备"。当时做普通劳动者是一个正常的选项。

今天，有一个深入人心的口号在影响教育的发展：知识改变命运。在普及教育之初，它的内涵是非常明确的，但是在我们的高等教育已经进入普及化阶段以后，它是不是已经变味了，是不是在宣传"万般皆下品，唯有读书高"？而且，只有上大学才能改变命运，这是事实吗？全中国2.8亿的农民工不是同样改变了命运？事实上在我国二十五至六十四岁的劳动适龄人口当中，具有大专以上学历的也就占20%左右。到今天为止我们还在鼓吹单一的升学主义，这对社会价值观的形成是一种很大的误导。

为什么我们反对应试教育唯升学主义论？

第一，升学主义违背了社会经济生活对多样化人才的客观需求。这就是工厂招不到人的原因，因为社会需要三百六十行，但大学只提供一行，就是读书做官，考公务员。

第二，升学主义否定了人的多样性对幸福生活的需求。并不是所有人都适合做研究性、学术性的工作，很多人擅长动手的、实践的工作，可以在这方面发挥才能，我们看到身边非常多没有上过高中大学的普通劳动者，仍然拥有充实美满的生活，但是我们把它否定了。

第三，升学主义助长了学历高消费，造成社会和人生的极大浪费。这是显而易见的，连街道办事员都要是"985"学校毕业的，有人说以后管理环境卫生的恐怕都要大学以上的学历，这是正常的吗？

第四，升学主义否定了基础教育树人、育人、点燃、照亮、唤醒每一个学生的功能，使学校沦为升学率竞争、培养"小镇做题家""二流机器人”的培训机构，放弃了教育的教化功能。

追求高学历和名校，是一个世界级的现象，国外学者把它称为“功利教育”。2015年，联合国教科文组织在一份重要的研究报告《反思教育：向“全球共同利益”的理念转变?》中鲜明地提出教育应该以人文主义为基础，尊重生命和人类尊严、权利平等、社会正义、文化多样性、国际团结，为可持续的未来承担共同责任，并进一步提出教育的经济功能无疑是重要的，但我们必须超越单纯的功利主义观点以及人力资本理念。教育不仅关系到学习技能，还涉及尊重生命和人格尊严的价值观，而这在多样化世界中是实现社会和谐的必要条件。它明确提出对人力资本理论的警惕。我们都知道这是教育经济学的奠基理论，它为教育发展发挥了重要作用。但这个理论有一个重大的缺陷，那就是它把人的培养视为人力资本的增值过程，把人物化了，把教育过程商业化、产业化了，人的情感、态度、个性、特长这些人性的因素看不见了，人类的共同价值观因而也难以形成和维系。

所以，今天我们的教育哲学要从“人力资源”“人才”重新回归到“人”，回归教育树人育人的核心概念，就是培养人，而不是培植人力资本。人才，首先是人，然后才有可能是才。苏霍姆林斯基讲得很清楚，教育首先是人的教育，人是最高价值，教育学是人学。教育的目标是“怎样培养真正的人”“大写的人”。学校教育的重要程度，“放在首位的是培养人，培养未来的丈夫、妻子、母亲、父亲；而放在第二位的，才是培养未来的工程师或医生”。

我们今天强调教育要重新回到“人”的重要原因，是我们面对越来越具有不确定性的复杂世界。正因为未来是不确定的，所以我们必须回到人，也就是说用我们人的创造性、适应性来应对未来。这是法国哲学家莫兰说的，最重要的教育目标不是“充满知识”的头脑，而是“一个构造得宜的头脑”，能够“明智地思维”以及具有质疑的精神；具有连接知识的能力，即“把知识背景化和整体化的能力”，从而形成“恰切的认识”。莫兰认为这种将知识整体化的能力，是“迎战不确定性”最主要的能力。

第一，要有正确的教育价值观，要特别强调义务教育的功能、价值。我认为我们很多人对义务教育是干什么的这个概念不清晰。义务教育应当点燃、启蒙、激发、照亮每一个学生，应当为学生的健康成长和终身幸福服务，应当关注大多数学生和弱势学生，而不是少数能够“跳龙门”的“锦鲤”。

第二，要有完整的学生发展观，包括生理发展、人格发展、社会发展和认知发展，而不是片面强调认知发展。应当在提高学业成绩、发展认知能力的同时，弥补学生非认知能力的短板，加强社会情感技能的培养，发展学生的“核心素养”。

第三，教育教学应当从应试教育突围，走向生活教育，即围绕青少年成长的实际需要来组织教学。

义务教育的基本价值是面向所有儿童的国民素质教育，所以采用免费、免试、就近入学，体现的就是这种非选拔性、非竞争性的公益性、保障性价值。只有这样，才能真正建立以儿童优先、以儿童为中心、以学生的健康发展和终身幸福为本的价值，才能实行善待儿童的教育，使儿童免于恐惧和教育，能够保障儿童休息和健康的教育。

一位美国老师说过，小学教育有一个非常重要的功能——不仅要帮助儿童的人格养成，培养良好的学习习惯，而且要保护儿童的学习热情。因为从小学开始，到大学，到研究生毕业，有十几年的路要走，你怎么能够在小学的时候就用作业、考试把他打倒？国外的小学大多没有考试、没有作业，难度很低，进度很慢，给学生一个非常宽松的学习和成长环境。那么，初中教育最重要的功能是什么？不是中考。一个丹麦的老师说，是帮助学生安全地度过青春期。我听到这种说法后觉得是醍醐灌顶，这样的概念在我们的生活中还没有出现过。但仔细想想，小学、初中时期是不是人生当中最敏感、最具有不确定性、最值得关注的一个时期？此外，我们要从小学开始引入职业教育、生涯教育等因素，这也是国外普遍的做法，重视动手能力的培养、对职业的体验。在日本，有门课小学叫“家庭课”，初中叫“技术家庭课”，初一、初二年级为七十课时，初三年级为三十五课时，一半是学习家庭领域的内容，另一半是学习技术领域的内容。它指向的就是学会生活、学会生存。

我们改善教育生态的目标，是要形成一种“低竞争、低管控、低评价”的教育生态。我们必须明确认识，这也是世界教育的基本现实：竞争性的学习是从高中开始的。在大学，学业压力和竞争就更为激烈。小学和初中应该是保障性的、没有竞争性的、不允许有竞争性的，而我们则是从幼儿园就开始竞争，到大学反而“躺平”了。

这里需要平衡教育的两种功能：知识教学和人的社会化。

教育不等于学科知识的教学，也不等于分数和升学率。成长是比升学更重要的教育目标。那些上不了高中、大学的农村学生，只要他们具有自信、自强的精神，具有责任感、学习能力、沟通和合作能力等社会情感技能，照样可以拥有自己的幸福人生。要打破唯分数论、唯升学论的评价，就需要建立“达标+成长”的评价。

这种重视人的养成、重视成长的教育，它的概念就是生活教育——为生活而教，这是一个越来越显著的国际化的潮流。斯坦福大学的一个研究报告认为，“我们坚定地相信贫困地区的学生需要的不是更多的学业方面的技能，而是能够让他们提升自己收入前景和身心健康的生活技能、生存技能。这些技能包括财商素养、创业技能、维持自身健康的能力以及一些管理能力，如团队合作、问题解决和项目管理的能力”。因为一项对非洲最不发达国家的调查显示，他们学校的教学内容跟欧洲国家是一样的，也是希腊神话、法国革命、子午线等，然而，只要他们学会每天洗手，儿童的死亡率就可以减少10%，这却是在学校教育之外的。

我们来看一些国外的案例。哥伦比亚的“新学校模式”，获得了许多国际大奖，它的核心理念正是“为生活而教”，把教科书改造为以学生自学为主的《学习指南》，通过小组学习、学校自主管理提升学生的合作能力，学习内容密切结合提升家庭、社区的福祉，例如认识饮用水的干净程度等。

其实，“为生活而教”并不是新概念，就是源自杜威、陶行知所倡导的“生活教育”，就是为了改变学校与社会、教育与生活相脱离的弊端，依据青少年成长的实际需求进行教育。用陶行知的话来表达，就是“给生活以教育，用生活来教育，为生活向前向上的需要而教育”。

我们要特别回忆一下，在20世纪80年代末，我们国家曾经开展过一场大规模、高层次的农村教育综合改革，方案是普通教育、成人教育、职业技术教育“三教统筹”，教育与农业科技、农村经济发展相结合，即“农科教三结合”，这一时期涌现出许多成功案例和优秀典型。可惜的是这场轰轰烈烈的教育改革运动在90年代初无疾而终，农村教育被纳入升学主义、应试教育的单一轨道。

我们来看看其他亚洲国家的改革。新加坡是教育竞争非常激烈的国家，实行欧洲式严格的早期分流，但现在也在改革了。他们小学实行“半天制”，小学一、二年级取消考试，下午放学后和假期，学校为学生提供上百种不需要额外支付费用的艺术活动，每掌握一项技能就能被计入成绩分。改革小六会考分流制度，用等级制评价取代分值评价。2014年开始试点“学科分级制”，打破了用分数给学生贴标签的评价方法。

韩国从2013年提出了新的教育目标“幸福教育”，此前，他们的提法叫作“发展教育”，这个发展是名词，也就是为了实现国家发展的目标来进行教学，这跟我们现在有点相似。但现在要把学生的幸福放在第一位。“幸福教育”以初中的“自由学期”制为抓手，到2016年所有的学校都实行了初一学年的自由学年制，在这一年没有考试、没有作业、没有传统学科化的教学，而是以学生的社会认知和自我认知为主，开展多种活动，同时为学生减负。

这里最有意思的是京畿道和首尔发展的“梦想学校”。这是高中阶段学生在双休日和寒暑假组成的跨学校的兴趣社团，关键是教育厅提供财政支持。厅长说，如果一个高中生在高中三年所有业余时间都在发展自己的一项兴趣特长，他怎么还会去上培训学校呢？这是抵御培训机构最有效的做法，而且他的职业发展方向也确定了。学校类型包括无人机、编程、咖啡、笑星、宠物、潜水、音乐剧、摄影等好几十种，都是学生自发组织的。现在京畿道的梦想学校就有两千多所。

这背后其实是整体性的教育范式的转变：从国家主义转向以人为本，从升学主义、应试教育转向培养合格公民，从学科中心、知识本位转向核心素养，从教师中心转向学生中心，从课堂中心、教材中心转向生活教育。

新的教育场景已经出现，世界教育正在开始换频道、换跑道。世界范围内的教育竞争正在成为教育改革的竞争，对此，我们必须要有紧迫感和危机感。谢谢大家！

张志勇

国家教育考试指导委员会委员
北京师范大学中国教育政策研究院执行院长
中国教育三十人论坛成员

“双减”改革背景下的家庭教育

各位嘉宾、线上的各位朋友：

大家上午好。我给大家汇报的题目叫作《“双减”改革背景下的家庭教育》。

“双减”改革，其决策层次之高、执行力度之大、影响范围之广，在我们国家教育改革的历史当中，可能是前所未有的。

这场改革，给我们的学校教育、家庭教育、社会教育，实际上形成了三个重要的倒逼机制。

第一个倒逼机制。过去学校在提高教育质量、升学率上有一个重大的法宝，就是在时间上做文章，缩短孩子寒暑假、双休日时间，很多学校上六天课，晚上也在上课。按照这次“双减”改革的要求，学校以往这种靠加班加点提高所谓升学率的做法将被切断。

第二个倒逼机制，对教师的教育教学活动影响很大。过去，搞题海战术是很多老师提高学科学习质量的法宝，但“双减”改革推行作业改革，作业要限量、限时、限地完成，这对教师的教学活动将产生很大的影响。

第三个倒逼机制，对家长的影响很大。“双减”改革规范校外培训机构的培训活动，大量的学科补习的时间和空间被压缩掉了。在这些倒逼机制下，学校教育、校外教育、家庭教育都需要做出一系列调整。

一、呼唤科学的家庭教育

家庭教育如何走上科学的轨道？爱孩子是父母的天性，但是会爱孩子是一门科学。《家庭教育促进法》这部法律颁布实施的重大意义之一，就在于规范和引领广大家长要把家庭教育作为一门学科，要科学实施家庭教育。

一是家长要增强家庭教育的意识。《家庭教育促进法》明确父母及其监护人是家庭教育的主体责任人，我们现在要唤醒家长家庭教育的意识，这意味着什么？这意味着教育孩子是家长的法定职责。但是家庭教育又是一个具有专业要求的教育行为，家长如何提高家庭教育素养，担负起家庭教育的职责？这是一个新的重大挑战，所以我们要增强家庭教育的专业角色意识。

二是家长要明确家庭教育的定位。家庭教育说到底是在家庭生活中进行的如何做人的教育，这是家庭教育最根本的责任和使命。《家庭教育促进法》规定了家庭教育要对孩子进行道德品质的教育、身体素质的教育、生活技能的教育、文化修养的教育、行为习惯养成教育。大家可以看到，《家庭教育促进法》对家长、对家庭教育的定位回到了家庭教育本身的本质特征上来。

过去的家庭教育完全成了学校教育的附属物。在家庭里面进行的教育主要是做作业和补习。这样的家庭教育已经没有它的独立性，家庭教育已经丧失了它应该承担的责任。

三是家长要懂得家庭教育的特点。家庭教育有什么特点？第一个特点是潜移默化，家庭教育是环境熏陶的教育，是在良好的家庭生活环境里面潜移默化对孩子产生影响的教育。第二个特点是生活教育，家庭教育是在生活当中进行的教育，脱离了家庭生活，家庭教育就成了无源之水、无本之木。第三个特点，家庭教育是相机而教的，而不是像学校教育那样把孩子弄到身边进行说教。家庭教育就是在家庭生活当中，并在生活中唤醒孩子的成长意识，给他一个相机的引导，而不是刻意的说教教育。

四是家长要提高家庭教育的素养。作为家长，我想应该做到以下三点：第一，要有正确的家庭教育理念。家长正确看待自己对孩子的教育焦虑，比方说考试焦虑、排名的焦虑。现在学校里的考试不让排名，考试成绩整体不公开，我们的家长心里就没底了。过去一知道孩子的考试成绩家长就要算名次。考试成绩提高了，心里很高兴；停滞不前了，就开始坐不住了；后退了更是天下大事。我们有没有看到孩子每次考试成绩的意义在哪里？是看见孩子的成长！看见孩子的问题！看到孩子改进的方向！如果我们能够通过每次考试找到学习的方法、前进的动力、未来进步的方向，我们家长的教育焦虑、考试焦虑会不会降低？所以我们要有正确的教育理念。第二，要掌握一点科学的教育知识。我在山东做过高中教育质量监测，我们发现喜欢艺术和体育的孩子与不喜欢艺术和体育的孩子相比，学业成绩相差四十分左右。这说明，学习艺术、体育不仅有助于学生的全面发展，也有助于提高学生的学业成绩。第三，要尊重家庭教育规律。

二、呼唤美好的家庭建设

家庭教育的根基是家庭，家庭教育的根本是家庭建设，因为我们的家庭教育是润物无声的影响，是生活的教育。美好家庭本身就是最好的家庭教育。我始终认为：孩子是最可怕的模仿者。如果你想有一个富有爱心的孩子，首先你要成为一个富有爱心的父母。你无法帮助他们形成这样的习惯，但是你可以言传身教。

所以说，家庭教育需要美好的家庭，家庭教育需要的是无声的教育，这里我们主张推进五个家庭建设：

一是建设一个有爱的家庭。美国国家教育委员会的顾问、脑科学家约翰·梅迪纳发现，对学生的学业成绩最有预测性的一个指标就是家庭情绪的稳定性。而家庭情绪的稳定性取决于什么呢？取决于父母的关系，所以他说过一句风趣的话，如果你爱你的孩子，如果你希望你的孩子的能力得到很好的发展，你就做一件事，去爱你的伴侣吧！所以，孩子的成长需要一个有爱的家庭，在这样的家庭生活里，充满温馨的亲切感、亲密感。

二是建设一个有道德的家庭。儿童的教育，家庭教育，最核心的是品德的教育。品德养成靠环境、靠榜样。我的母亲是一个不识字的农民，但是她给我讲的话影响我的一生："一个人什么时候都不能偷懒耍滑，什么时候都不要让人家看不起你，在背后戳你脊梁骨。"这对我影响极大。

三是建设一个有安全感的家庭。这里不是指身体的安全，而是儿童心理的安全，儿童需要情绪稳定的父母。最可怕的是，孩子有着性格非常暴躁的父母、随时发火的父母、随时就要干仗的父母，所以孩子需要一个温馨的、安全的家庭环境，给孩子提供心理安全。这对儿童的积极的情绪情感培育和人格养成非常关键。

四是建设一个热爱学习的家庭。今年秋季开学之前，我收到了一位朋友发来的他亲戚家孩子自杀留下的遗书。遗书里有一句话：今天这个时代挺有意思的，跷着二郎腿、天天不读书的人，却在天天教训我们这些读书的人。这个孩子说的是他的不爱学习的父母。孩子需要一个热爱学习的家庭氛围，一个读书的家庭氛围。

五是建设一个自由、民主的家庭。父母不要一味控制孩子，居高临下地管控孩子，而是要在人格平等的基础上与孩子友好相处。

三、呼唤温馨的家庭生活

儿童参与家庭生活本身就是最好的家庭教育。家庭教育回归家庭本位，必须让儿童参与积极向上的家庭生活实践。

今天，人类教育面临着两个重大的挑战，一个是儿童过度的知识学习，另一个是应试本位的教育环境。儿童的知识学习、学科学习、为了考试的学习过多，上课、做作业、考试、补课占据了孩子大部分的生活时间。相反，儿童的生活学习、实践学习就贫乏了，没有空间了，这对儿童的智慧发展会产生很不利的影响。生活是儿童的智慧之源。我们今天必须要大声疾呼：

要让孩子过好丰富多彩的劳动生活、阅读生活、体育生活、自然探索生活、社会实践生活等。过积极的劳动生活既是智慧之源，也是责任养成之根。要让孩子们充满丰富的想象力，我今天尤其要大声疾呼自然教育，让孩子走进大自然，去感受大自然的奇绝美丽。我们能不能让孩子在自然中感受阳光普照的公平、大海包容的宽广胸怀呢？我们能不能让孩子探索人生的智慧和人生的哲学呢？我们能不能让孩子在社会生活实践里去发现人性之美呢？

四、呼唤和谐的家庭学校协同

著名教育家苏霍姆林斯基说过，只有学校和家庭志同道合，抱着一致的信念、一致的行动，儿童才能获得全面、和谐的发展。

在这里，我们呼唤学校教育与家庭教育的“五个协同”：

一是要有共同的教育理念。我们现在需要凝聚教育共识。2021 年 7 月，我到一个地方去调研，当地一所高中的校长跟我讲了一个真实的故事。他说，学校的班主任一天早晨接到家长的电话，家长说孩子在家没吃早饭，请老师帮助孩子把孩子带到学校的鸡蛋的壳剥掉。大家觉得很笑吗？不可笑，我们现在有一种理念，就是大人可以替孩子做任何事，孩子只管学习就行，孩子把学习搞好了，一切就都好了。其实我想，包办即意味着剥夺孩子学习的天性，扼杀孩子成长的机会。

二是要在教育方式上进行协同。过去讲“棍棒之下出孝子”，这种家庭教育理念是“高高在上”的。我们今天要调整这种家庭关系，家庭教育中家长不要强迫孩子，要平等协商、示范引领和启发诱导。

三是在学业安排上，家庭教育和学校教育要寻找协同。前段时间开了一个座谈会，一位校长讲了一个故事，说有的小学生不愿意在学校里做作业，为什么？因为孩子说在学校做完作业之后，回到家父母还要布置额外的作业，与其这样，还不如在学校多玩玩，回到家里再做作业。所以，在孩子的学业安排上，学校和家庭要协同起来。让学生在学校做学校该做的功课，回到家里做家里应该做的功课。

四是在习惯养成方面协同发力，包括作息时间、守时习惯、学习习惯等，在家庭教育中要重视这些习惯的养成。习惯养成比学习本身重要，有了这些良好的习惯，孩子的学习就有了“能力上的支撑和保障”。

五是在亲子教育上协同。希望家长朋友能挤出时间与孩子一起劳动、读书、旅游、运动、看电影、参观博物馆、做公益活动、做小科学试验、清洁环境等。

项贤明

南京师范大学教育科学学院教授、教育理论与政策研究院院长
民进中央教育委员会副主任
中国教育三十人论坛成员

教育改革的根本目的是多出人才

很抱歉，在中国教育三十人论坛这样一个高端论坛上，今天我却要和各位讲一个常识性的问题，更让人感到抱歉的是，这个常识性的问题如今却变得很有讲一讲的必要。这个常识就是：我们办教育和进行教育改革的目的，是培养出更多的优秀人才。

习近平总书记在十九大报告中提出，要在全党开展“不忘初心、牢记使命”的主题教育。这一主题教育，目前正在不断深入推进，已经在全党乃至全社会都产生了广泛而深刻的积极影响。我国的教育改革，从1978年开启序幕，到1985年5月27日发布了《中共中央关于教育体制改革的决定》（后简称《决定》），至今已经走过了四十三年的历程。回顾过去，展望未来，我们是否还清楚地记得，我们教育改革的初心和使命是什么？

《决定》第一条就明确指出：“教育体制改革的根本目的是提高民族素质，多出人才，出好人才。”这个《决定》还要求我们，在整个教育体制改革的过程中，必须牢牢记住教育改革的这一根本目的。可以说，《决定》关于这一根本目的的表述，准确地表达了我们进行教育改革的初心和使命。无论我们在教育改革过程中遇到怎样的新挑战和新问题，采取怎样的新举措和新对策，其最终的目的，都应当是为了提高民族素质，多出人才，出好人才。

《决定》提出这条教育改革的根本目的，不仅是为了适应我国社会经济文化发展的需要，也是教育这一社会现象的本质要求。改革开放以来，教育理论界给教育赋予了太多太多的非本质阐释。教育既是一种投资，又是一种消费，教育还要拉动内需，要为政治、经济和文化等服务。在强调教育这些社会功能的同时，我们不应忘记教育这一社会现象自身的质的规定性。在本质上，“教育是培养人的社会活动”。这是《中国大百科全书》“教育卷”对教育这种社会现象的经典理论阐释。教育的目的就在于培养人，而教育改革的目的在于让教育更好地发挥其培养人的社会作用。我们办教育的初心，就是要培养人，至于教育促进经济发展、拉动内需等，都是教育的派生功能。世界上所有办教育的人，都不怕孩子们学习，我们怕的是孩子们不学习、不会学、学不会、学得累还学不好。纵观世界各国的教育改革，无一不是以孩子们学得更好、更好地学为目的。从改革开放初期的恢复高考等重大教育改革，到今天建设优质、公平的教育体系，我们的教育改革始终没有离开“提高民族素质，多出人才，出好人才”这一教育改革的根本目的。这一点，在这些年来党和国家的一系列重要文献中都能看到，而且是明确地反复强调。

在今天的教育改革中，我们绝不能忘记“提高民族素质，多出人才，出好人才”这一教育改革的初心和使命；绝不能忘记创新型国家建设需要各行各业一大批的优秀人才，中华民族伟大复兴需要大幅提升整个民族的素质，需要我们培养一批又一批能够跻身人类文明发展前沿的杰出人才。世界上没有任何一个国家能够靠一个“傻瓜”教育系统支撑起强大的国家科技创新体系，古今中外，概莫能外。面对建设创新型国家和实现中华民族伟大复兴这样艰巨的历史任务，“提高民族素质，多出人才，出好人才”

这一教育改革的根本目的的重大意义，从来没有像今天这样重要而突出，也从来没有像今天这样现实且迫切。

当前，我们正在下大决心努力推进减轻中小学生课内外学业负担的教育改革。在这一改革过程中，我们仍然应当牢牢记住教育改革的初心和使命，要深刻认识并始终牢记"'减负'必须为培养人才这一根本目的服务"。如果离开了培养一大批优秀人才这一教育改革的根本目的，那么，我们的减负改革就有可能成为一场南辕北辙、误入歧途的冒险，就有可能再次造成耽误我们一代人的灾难性后果，就如同我们在那个缩短学制、开门办学的十年里曾经做过的一样。我们全体国民，都有必要对此保持清醒的头脑和高度的警惕！在落实"双减"政策的过程中，我们必须时刻牢记这样一条基本原则：减轻中小学生学业负担，并不是简单地让孩子们学得少一点、学得简单一点，而是要让孩子们学得轻松、活泼一点，在兴趣盎然的状态下学得更多、学得更快、学得更好。

我们有关部门应当清醒地认识到，减负只是我们达成优异教育政绩的手段之一，减负本身不是政绩，培养出一大批优秀人才，才是真正的政绩。衡量一个地区教育工作做得好不好，减负不能成为评价标准，在培养优秀人才方面取得的成绩才是我们评价教育工作好坏的根本标准。减负是我们当前应当完成的一项重要工作任务，我们应当注意在减负的过程中，要防止出现"目标置换效应"（所谓"目标置换效应"，打个比方来说明，我们为了砸碎一个石块，要去找一把合适的铁锤，如果我们找着找着，找到铁锤就成了我们的目的，却把石块忘在了一边，这就是出现了"目标置换效应"），即防止在减负改革过程中迷失了教育改革的根本目的，错把手段当成了目的，以减负的成绩取代了教育培养人才这一真正的教育成绩。迷失了培养人才这一教育改革的根本目的，有可能给我们的教育改革带来灾难性的后果。

减负，作为一场教育改革，而非社会运动，必须从改革教育体制、改进课程教学、改良学习方法、改善教育环境等细微处入手，脚踏实地，循序渐进。要通过改进教育、教学过程，建立一个丰富多样、更具可选择性的现代学校课程体系，为孩子们提供更加适合每个人个性发展的教育，让孩子学自己想学的东西，激发学生的学习兴趣，让我们的中小学生在轻松愉快的氛围中学得更多、学得更快、学得更好。在这诸多改革过程中，如何激发学生的学习兴趣是十分关键的一环。有了浓厚的学习兴趣，教育不再是一种被强迫的过程，学业也就不再会是一种负担。在落实“双减”改革的过程中，我们一定要记住：“减轻学业负担”，绝不能简化成“减轻学业”！像目前不少地方在落实“双减”过程中所做的那样，简单地缩短学习时间、减小学习难度、降低评价标准等，虽然也能减轻中小学生的学业负担，但这样简单粗暴的减负，绝非我们这场教育改革的本意。因为，这种简单粗暴的减负，虽然短期内有可能迅速减轻中小学生学业负担，却与我们教育改革“提高民族素质，多出人才，出好人才”的根本目的是背道而驰的。实际上，历次教育改革的经验已经告诉我们，忽视教育专业性，以简单粗暴的方式强行减负，往往刚减了左边的负担，又增加了右边的负担，到头来不但学业负担减不下来，人才培养也会被耽误了。减负，其实是个专业性很强的工作任务，应该交给教育专业人员去努力逐步完成。有关部门应当致力诸如高校招生和录取制度改革之类的事情，努力建立一个多元、开放、透明的高校招生录取制度，为教育专业人员的减负工作扫清障碍，为杰出人才的培养工作扫清障碍。

既要切实减轻中小学生过重的学业负担，又要培养出一大批优秀人才，关键在于树立正确的教育质量观，在于从唯分数的应试教育质量观，转向更加全面、更加长远的素质教育质量观。要从根本上改变简单地以分数论英雄的评价方式，转而以是否为国家发展和社会进步培养出一大批高素质的优秀人才这一长远成效作为评价我们教育工作的标准。要实现这样的教育质量观的转变，改革我们的人才选拔机制，特别是改革高校招生考试和录取制度才是关键。古语云："十年树木，百年树人。"这句话并非只是说人才培养很难，而是也蕴含和揭示了人才培养过程中的某种规律，即在培养人才这件事情上，我们必须要有耐心，要从长远着眼，不能过于急功近利。近年来形成的中小学生学业负担过重的局面，虽然原因是复杂的、多方面的，但急功近利的教育质量观无疑是最根本的原因。中小学生学业负担过重，并不是我们的学生学得太多太难了，而是急功近利的教育给孩子们施加了太多有害的、无意义的压力。中小学生学业负担过重，并不意味着我们的教育质量太高了，相反，是我们的教育质量被应试教育带来的无意义的学业压力降低了。

"公平"和"质量"是近年来我国教育改革和发展的两大主题，党和国家一直强调的是"优质而公平"的教育，但近年来的社会舆论似乎有以"公平"压倒甚至代替"质量"的倾向，与此同时，"减负"的舆论浪潮更是大有淹没"质量"的声势。作为一个社会主义国家，教育公平当然十分重要，但我们一定要认识到，质量是教育公平的条件之一，没有质量的教育公平，是没有意义，也没有价值的。

教育是培养人的社会活动。我们办教育，目的就是为国家和民族培养一批又一批优秀的人才。不忘初心，方得始终。我们进行教育改革，根本目的也是为了能够更好地培养人才。如果忘却了这一根本目的，那么，我们的教育改革就有可能迷失方向，我们的教育发展就有可能陷入困惑甚至危险的境地。

李镇西

新教育研究院院长
成都市武侯实验中学原校长
中国教育三十人论坛成员

教师的解放与孩子的减负

大家好！

我非常赞同刚才项贤明教授的话：“减负不是目的，培养人才才是目的。”但是，当学生课业负担过重，影响到了培养人才的时候，我们就要减负。项教授的提醒非常对，我们永远不要忘了培养人才这个目的，但给孩子减负的前提是教师的解放，所以我今天的演讲主题是“教师的解放与孩子的减负”。

每个家庭都面临教育问题，因为只要有孩子，就会关心教育。每个孩子上小学的第一天都是这样一个表情，欢呼雀跃，充满憧憬。很可惜，要不了多久他们要过这样的生活：做不完的作业，没有充足的睡眠时间。可怕的是，久而久之大家就习惯了，觉得这是应该有的生活，觉得读书就应该这样才是正常的。但是我认为，以牺牲孩子健康和快乐换取优异成绩的教育，无论如何不能说是真正的教育！

中共中央、国务院以及我们的高层领导人也注意到了这个问题。今年七月，中共中央办公厅、国务院办公厅印发了《关于进一步减轻义务教育阶段学生作业负担和校外培训负担的意见》，由此开启了“双减”政策。

我全身心地拥护中央的“双减”政策！

我之所以拥护，首先还不是从国家层面考虑的，而是出于人的情感，出于对孩子的心疼。我们一代又一代的孩子没有了童年，没有了快乐，没有了健康……空有一个名校的录取通知书有何用？作为他们的父母、老师和长辈，我们于心何忍？人心都是肉长的啊！当然，即使从国家层面来考虑，失去了强健体魄和强劲大脑的未来一代，靠什么去实现“中华民族的伟大复兴”？中华人民共和国又凭什么屹立于世界强盛国家之林？

我对中央的“双减”政策不但拥护，而且充满信心。我关注到今年党中央国务院印发的“双减”文件中的有关规定非常细，非常严，非常具体。比如，“教师要认真批改作业，及时做好反馈，加强面批讲解”“小学三至六年级书面作业平均完成时间不超过六十分钟，初中书面作业平均完成时间不超过九十分钟”“初中学校工作日晚上可开设自习班”。

这次有了党中央明确提出的“学校不得随意增减课时、提高难度、加快进度；降低考试压力，改进考试方法，不得有提前结课备考、违规统考、考题超标、考试排名等行为”，我看到了这次“双减”政策空前的力度，也可以预见“双减”的成功。我没有理由不充满信心。

各地教育行政部门纷纷响应，比如前不久四川省教育厅进一步落实跟进，下发了《关于进一步做好义务教育学校考试和作业管理的通知》，提出“不但要少考，还要降低难度”。所以我也有这个担心，就是项教授刚才提出的，“双减”是否会影响教学质量的问题。但是，当务之急是要把难度降下来、减下来。总之，各地教育行政部门都动了起来，也说明这次“双减”的力度很大。

不过我有一个观点，从某种意义上讲，学生的“减负”意味着教师必然的“增负”。对此可能有的老师不太接受。但我还是要说，没有教师的“增负”，就没有学生的“减负”！这是个常识。为什么这么说呢？因为我们要花时间去研究如何给学生“减负”。只是我们应该思考研究——教师应该有哪些必要甚至必需的“负担”？比如研究学生，研究教学（教材、教法、学法、作业、考试……）这些难道不应该是教师必要的“负担”吗？还有找学生谈心、逐个家访，以及阅读、写作……这都是教师应有的“负担”。特别是教师应该加强海量的阅读，没有教师阅读的“增负”，就不会有学生真正的“减负”！

但是，学生减负，其代价不应是教师不合理负担的增加！注意，我这里说的是“不合理的负担”。所以当我们在谈给教师减负的时候，针对的只是教师不合理的负担，就像我们给学生减负，减去的只是过重的课业负担。

那么，教师究竟有哪些不合理的负担？2017年，我通过我的微信公众号“镇西茶馆”做过一个调查，发现老师们的许多时间都消耗在非教学工作上：填表格、写材料、迎接检查验收等，还有一些活动，如“节水档案”“安全交通”“食品安全”“病媒生物防治”等，有足够精力和时间来完成基本教育任务的老师仅有十分之一！而其他老师则要靠挤时间来完成教育教学工作。

那教师的大部分时间是在做什么？都在做这些事。当然这里面有的事是教师应该做的，比如改作业，如果说这是负担，那是合理负担，还有处理特殊学生问题也是应该做的。但是，教师参与学校的非教学任务，完成各级各类的检查任务等，就是不应该做的事。其中，教师花了太多时间参与完成各级各类检查任务占的比例达到了68%，这就不正常了。这是2017年我调查的情况。2019年12月，中共中央办公厅 国务院办公厅印发了《关于减轻中小学教师负担 进一步营造教育教学良好环境的若干意见》，针对教师减负提出了非常具体的要求。

又是两年过去了，情况怎么样？

为此，上个星期日，即六天前我为了赶今天这个演讲，专门以“镇西茶馆”公众号为平台，做了一个为期三天的问卷调查，共计收到调查样本总数为6653份，其中有效样本为6653份，有效样本占样本总数的100%，覆盖了全国三十一个省市自治区。

这次调查获得了许多翔实的数据。这里我择要说说。

关于教师负担的来源，从专业类方面来看，教师面临的学生成绩（升学率、平均分、优秀率等）考评、班级管理考评、作业批改和教案检查、教学设计与教学研究考核分别占比为81.21%（多达5403人）、62.81%（多达4179人）、65.83%（多达4380人）、46.72%，不难看出，学业压力仍然是教师的最大负担。

当然，我认为，教师所感到的专业类的负担，这是教师这个职业应该有的负担，任何职业、任何工作只要认真投入地去做，就会有所谓的“负担”。

来自行政类方面的负担，教师有“与学生沟通”的负担，我认为也是应该的，但非本职工作的执勤工作则是不应该的。还有事业发展带来的负担，比如职称评定，我认为也是可以理解的负担，有压力嘛！你就是干这个工作的嘛！这是应该的。社会事务类的负担就不正常了，教师的非教育性社会事务与政府部门检查占比90.37%，明显高于家校沟通占比47.71%。还有来自禁毒、交通、消防、防疫等方面的工作，要求全员参与，人人过关等，连家长骑车是否戴头盔、家长是否接种疫苗等情况都要班主任统计，这就极不正常了，这是不应该有的负担。

关于“双减”政策对学生的影响。我们从学生作业情况和放学时间两方面进行了调查。从作业量来看，学生的作业量没有太多变化，学生的作业量和以前差不多的占比56.74%（有3775人），学生的作业量减少的占比43.26%，这是值得研究的。“双减”之后，居然还有一多半的学生作业负担并没有减少。而在学生放学时间以及教师下班时间方面，下午18:00放学以及20:30放学成为主要的放学时段，教师下班时间也相对集中在18:00—20:00。

“双减”政策也给布置作业的质量造成一定影响：学科组已加强对作业的研究、布置的作业质量有明显提升的占比为26.69%（有1776人），学科组没有太多时间加强作业研究、布置的作业质量有待提升的占比为73.31%，多达4877人。可见，“双减”政策下学生作业量不但没有减下来，而且教师对于作业研究的时间也相对较少，布置作业设计方面还有很大的提升空间。

“双减”之后，学校提供的课后服务中，作业辅导占了大部分，我个人觉得不太正常，课后服务应该更多的是其他方面，比如说各类兴趣爱好培训。课后作业辅导依旧占据课后服务的主要地位，这是不对的。不过可喜的是约一半学校正在努力为学生提供丰富多样的课后服务。

关于“双减”政策背景下，课后服务在什么时间段进行？调查结果显示，主要有两个时间段，一个是延时服务时间，一个是晚自习时间。那么，由谁来担任课后服务的承担者呢？主要是语文、数学、英语三科的任课教师，这还是没有摆脱文化学习的模式，还是为了语文、数学、英语几个所谓“主科”的学习，当然，其他物理、化学的任课教师也参与了。

“双减”给教师的工作带来哪些变化？前几个选项中最多的是工作时间延长、影响个人生活、工作压力增大等。“双减”给教师带来了过重的工作负担具体体现在哪些方面？课程开发是否更多？选择课程开发更多的占比为42.48%，选择没有变化的占比为56.85%。学生管理是否更烦琐？答案是肯定的，因为不像原来单纯的白天上课是一个班，而是有社团活动或者其他课程，更多元化了。组织教学是否更难？也是肯定的。不过，我觉得这也是应该有的“负担”，个性化对待，因材施教嘛！

教师的工作量增加与否？工作量肯定增加了，占比为83.93%。问题是增加的是什么？都是这些教学之外的东西，让老师们无法安心备课，这就不正常了。教师工作时间延长与否？肯定延长了。

下面说一下“双减”政策实施后家校沟通具体是什么情况。调查结果显示，家长更焦虑了，因为现在考试难度降低，评价改为等级制，不排名了，家长心中没底，对孩子的学习成绩更担心，当然就更焦虑。由于孩子在校时间延长，教师工作时间延长，家校沟通变得更困难的占比为39.23%。其实，在应试教育的大前提下，许多家长不愿意简单的“双减”。

“双减”政策实施后，学生在校时间变长，教师“增负”，家长“减负”，家校沟通的时间也因为教师负担过重而大幅减少。显而易见，家长的责任意识与教育能力也随之下降。长此以往，家庭教育现状令人担忧。

“双减”背景下，学校硬件设施有没有变化？教师负担是不是减轻了？没有。回答各项检查有增无减的占比为76.28%（5075人），没有太大变化的占比为22.10%（1473人）。回答各项检查都有减少的占比为1.62%（105人）。分别来自四川成都、陕西榆林、江西赣州、河南郑州、甘肃张掖、重庆等地。我们真心希望其他各地教育行政部门的各项检查也能随着“双减”的节奏渐渐“减”下来，让教师也能沐浴在阳光下，从容且幸福地成长。

学校落实“双减”政策增加了教师怎样的负担？2017年调查显示的那些负担并没有减轻，在原有负担依然存在的情况下给学生“双减”，那只有增加教师负担，所以，只有解放教师，才能解放孩子！只有减轻教师身上已有的不合理负担，才能够真正把减负落到实处。

为此，我有三条建议：

第一，减少种种非教学工作。

这是一个呼吁很久的问题，我今天在这里再次呼吁，一定要减少种种非教学工作的干扰，让老师们能够集中精力做好本职工作。

在我微信公众号上有网友曾留言，说自己热爱教育，但也真的委屈，很累很累，不知道这么工作是为了什么！这是昨天眉山的一位老师在网上的截图，“请注册成功的家长发截图在群里，各班统计汇报注册成功人数，请各位家长朋友注册消防安全学习平台并学习……”这些都和考评有关。

其实，不许用其他非教学工作干扰学校、干扰教师，这是中央有关文件上规定了的。大家看，中共中央、国务院的文件中关于减负已经明确提出具体要求，关于维护稳定、扫黑除恶也都有具体的要求。如果把这些要求落到实处，老师会减轻许多负担。但为什么做不到？所以我提出，一定要严格执行已有的规定和政策，建立首长责任制，即厅长、局长、校长是第一责任人，违者给予相应的处分。如果减掉这些非教学任务，教师将获得多少从事本职工作的时间？

第二，减少各级各类评估、检查、验收等工作。

如果说第一类非教学工作是社会其他部门给学校摊派任务的话，那么各级各类评估、验收、检查则是我们教育部门内部自上而下的干扰。本来，我们中央有关文件上规定得很清楚，必须减少这些形式主义的东西，但是都没有落实。所以，我还是建议建立首长责任制，违者给予相应的处分！如果大幅度减少这些评比检查，教师会有更多的做本职工作的时间。

第三，课后延时服务应与社会资源合作。

课后服务主要是安排学生完成作业、自主阅读，进行体育、艺术、科普活动、劳动实践，以及娱乐游戏、拓展训练、开展社团及兴趣小组活动、观看适宜儿童的影片等。这些事情不应该仅仅由学校承担，让教师完成，而应与社会资源合作，如与就近的高校合作，通过大学生志愿者的参与解决教师缺乏的问题，也可组织学生到就近的图书馆、少年宫、美术馆等公共文化空间开展学习和实践活动。我去过丹麦，丹麦的中小学学生下午放学后都去社会上参加各种符合自己兴趣爱好的活动，如踢球、跳舞、画画儿等。我们也可以借鉴，比如社区可以为孩子多提供一些这样的服务，所需师资可以向社会招聘。总之，课后服务非常好，但不光是学校的事儿。

刚才项教授说了，减负不是目的，培养人才才是目的。所以，给教师减负，就是给孩子减负。让教育放飞孩子的心灵，为党育人，为国育才，给未来的中国培养出健康而富有创造力的可靠接班人和合格建设者吧！

谢谢大家！

曹德旺

福耀玻璃集团创始人、董事长

朱永新

中国陶行知研究会会长
新教育实验发起人
中国教育三十人论坛成员

曹德旺对话朱永新

朱永新：感谢曹德旺先生精彩的演讲，我看过曹先生的很多资料，也看过曹先生的《心若菩提》，真的很感动。我跟您有很多相似的地方，第一，曹德旺先生是1946年出生，我是1958年出生，曹先生比我大一轮，我们应该都是属狗的，应该是对国家、对民族、对事业都比较忠诚的人。第二，我们都早起，我是五点钟左右起床，这在我朋友中已经是很早了，曹先生比我起得还早，每天早晨四点钟起床。我差不多每天比别人要多干三个小时的活，我早晨八点从家里出发去上班的时候，已经干了两三个小时的活儿了。我算了一笔账，每天早起三小时，相当于多工作大概十二年。所以，早起是我们共同的习惯。第三，我们还喜欢读书，曹先生虽然学历不高，但是我看到他每天读书两个小时以上，一个企业家每天有两个小时的读书时间，让我很敬佩。我特别想问问曹先生，您觉得早起跟阅读这两件事情，到底对您有什么样的影响？另外，您是怎么养成这个习惯的？我曾经写过一篇文章《父亲的礼物》，讲述我是怎么养成这个习惯的。

另外，您是不是建议年轻人也应该养成这样好的习惯？我们先从一个比较私人的话题开始对话吧。

曹德旺：早起是我从小培养的习惯，我妈教育我说，早起三天就等于多出一天时间。读书必须坚持韧性、悟性、记性，先得有韧性，长期坚持，锲而不舍，还要有悟性，如果你悟不到的话，就没有办法把它消化掉，应该学会去悟、去消化，把其中的真理、内核性内容融到你的血液里，只有这样，才会有记性，才能够记住它。从健康的角度来讲，每天早上早一点起来去迎接太阳，这样对身体健康有益。

朱永新：建议大学生应该养成早起的习惯和读书的习惯，真的非常重要，包括在读的大学生。刚才您在演讲中讲到大学生就业的问题，我一直认为真正有本领的大学生就业应该是没有问题的，也就是说你讲到的有真本领，有韧性、有悟性、有记性，能够坚持自我成长的大学生，就业应该是没有问题的。我曾经写过一篇文章《大学是读书的天堂》，希望大学生多读书，养成一生的学习习惯。

第二个问题，曹先生，我知道您是第一个获得“安永全球企业家大奖”的华人企业家，你行善从来出手不凡，个人捐款超过了一百一十亿元。2021 年 5 月 4 日，您创办的河仁慈善基金会决定出资一百亿元筹建“福耀科技大学”，此前你还捐资四亿建起了福清德旺中学。你如此支持教育事业让我很受感动。请问，您为什么有如此浓厚的教育情怀？教育在您眼里究竟有多重要？教育到底意味着什么？包括您来出席我们的教育三十人论坛，您对教育如此关注，包括您刚刚讲的教育比经济更需要转型升级、高质量发展，一个企业家的教育情怀到底是怎么形成的？

曹德旺：“安永全球企业家大奖”这个奖项对企业家有很高的要求，其中就要求企业家要从无到有、从小到大、诚信经营，还要具有影响力、有可持续发展能力。它提到的企业家应该是“社会持续发展的资源”，就是指国家、地区的发展是和当地企业家的队伍、企业家数量等有一定关联的。

只有我们国家的教育事业迅速发展，科技才能随之发展。我想探索一种办学的方式，采取双师制。大学生要有两位导师：一位导师是管教育的老师，另外一位导师是关注实践的老师。比如往学校派驻经验丰富的企业高级工程师，企业高级工程师教学生动手实践，这样的学校不仅仅教授学生知识，还要培养他的自信心，相信自己能够走上成才的道路。

像我们企业里面的员工，原来没有研究生，招的都是大学本科生，有的是中专生。但我很自豪地讲，现在有好几个员工是国务院特殊津贴获得者。我相信当我们以适当、合理的方式培养他们的时候，他们一定会成才，而且他们热爱工作，热爱自己的事业，这也是人才培养的一种方式。

我认为，要把企业做好，要先把人培养好，在教会他们掌握技术的同时，还要提高他们的境界、胸怀和高度，才能够让他们安心工作。这是我想探索的教育改革。我办一所大学的目的，不是让中国多一所大学，而是要借鉴日本和德国的一些好的做法来培养学生，希望这样的做法能够在中国找到一条路。

朱永新：非常敬佩，曹先生用不到十年的时间把一个企业办成世界第一，我们也期待曹先生用几个十年的时间把您的大学能够办成世界第一。的确，我认为一个国家的教育是需要最优秀的人来做的，社会的精英、社会的资本都能够进入教育，这样，教育就有了强大的发展空间。资本进入教育不是为了赚钱。过去我们的一些培训机构、一些教育网络公司野蛮生长，他们想为了赚钱，这个方向是错的，但是教育是需要资本力量的，没有钱怎么做教育？没有钱怎么能够办好我们的基础教育呢？所以我们非常期待像曹先生这样的企业家能够用自己在企业发展的过程中积累的财富来办教育。

曹德旺：我以基金会的名义捐赠大学，我认为可以由企业和慈善公益机构做教育，有责任的企业家多来做这些事情。国家要规定绝对不允许资本用教育来盈利，如果资本进入教育是为了赚钱，那么办教育是有问题的。

朱永新：谢谢曹先生。你找到了一个最好的方式，以基金会的方式来支持教育的整个发展。但我还是觉得，教育需要资金的支持，同时更需要智慧的支持，需要用企业家的一种创业的精神、一种敢为人先的精神去做中国的教育。我们不能跟在西方教育后面走，我们在教育领域怎么成为领跑者，同样需要思考，需要更多的社会精英来关注教育的问题，我们特别期待有更多的像曹先生这样的真正拥有教育情怀的企业家，这一点要向曹先生致敬。

曹先生，我非常欣赏您曾经说过的一句话："中国的希望在于中国人自己的觉悟。如果每个行业都有人执着地把自己事业的发展与国家的发展联系起来，那么执着于这项事业的人，不但能够成为自己这个行业的领袖，为自己与社会创造财富，而且有机会跻身于世界这个大舞台，为世界创造价值和财富。"您还说过，做人第一就是要有高度的社会责任感，"要有强烈的民族和国家意识，这样你才会成功"。那么您认为，我们怎么才能培养这样的觉悟，培养这样的社会责任感呢？

曹德旺：我认为可以培养，但是要和整个社会结合起来。首先应该培养年轻人的自信能力，其次还要教年轻人学会与人相处，能够融入社会。

朱永新：曹先生特别强调自信和信仰，我很同意。但是，自信和信仰不一定非要通过宗教。看我们中国共产党早期的那些优秀党员，我们看《觉醒年代》，我们看《1921》，那些共产党员就是因为拥有信仰。信仰的力量是非常重要的，信仰跟自信都是信。所以信、望、爱，虽然这是基督教的概念，但是我们可以把它转成我们重要的心理素质，同样具有重要的意义。你要相信这个世界，你要相信自己，你要相信善的力量，你要对人生充满期待，你要对未来充满希望，你要对孩子们、对这个世界充满爱，这些不仅仅是那些宗教所倡导的，其实这是整个人类所倡导的最美好的价值，在孩子们心中怎么播下这些善的种子，是我们的教育要认真研究的，在一定程度上，它比读写算的能力还要重要。非常感谢曹先生。

我还有一个问题。您的企业，在福清这样一个资源不算很丰富的城市，您能做到企业世界第一，是相当不容易的。曹先生一直与时俱进，您的企业也是“工业4.0”的积极探索者和实践者。现在科技发展迅速，人工智能等正在迅速进入人类生活。从企业家的角度看，未来需要什么样的人才？许多人认为，我国缺少“从0到1”的创新型人才，这是影响经济高质量发展的重要原因，因此呼吁加强创新型人才的培养。作为一个企业家，您是否认同这种观点？您对于创新型人才的培养有什么建议？

曹德旺：我希望看到教育界培养出来更多热爱工作、热爱专业、热爱国家、有为民报国的胸怀的学生。有知识、有专业，而没有很高的境界，我认为他也做不成伟大的事情。我建议教育界可以展开对“学而优则仕”这句话的讨论。我个人理解，“学而优”是要寻求为民报国的机会，而不是毕业之后窝在家里。只有德才兼备的人才会成大事。我们企业里有几个获得国务院特殊津贴的专家，他们根本不是为了钱去做事。

朱永新：最后一个问题，您现在准备把相当的资金和精力用来办福耀科技大学，我也注意到一百亿对一所大学来说是远远不够的，尽管作为起步来说，资金已经非常多了，未来它的发展还有什么可以源源不断支持的力量，基金会本身可以投资来支持，但一个学校仅仅有钱是不够的。我注意到你未来的大学的治理结构，有四个委员会——理事会、学术委员会、顾问委员会、教育委员会，理念是高水平、专而精、专业化，目标是要培养有国际化视野、有家国情怀、有创新精神和管理能力的高素质、应用型的人才，这些都非常好。有没有考虑您的大学跟您企业之间的一种全面的产学研合作怎么进行？还有，对您大学的期待，它大概需要多长时间可以走在中国乃至于世界前列，像您的企业一样？

曹德旺：这所大学我们出资一百亿。学校拥有很强的硬件设施，包括信息超算中心等。

我们不是为了多办一所大学，我们是为了一种体制，我们希望看到将来中国很多大学是由基金会捐款办的，而不是为了盈利的资本所办。政府也会拨钱用作对大学发展的支持。之后，有需要我还会凑出一百亿作为学校的奖励基金。

我们对接了全球的企业，我们会有很多资源用在学校发展上。学生平常在实验室，假期带他们深入企业帮助企业解决问题，培养其动手能力，这样才有意义。

当然，在大学的发展中会碰到很多困难，也希望社会各界支持、关注我们，也希望中国教育三十人论坛帮我们助推，这也是一个很好的办法。

朱永新：我们会热切地关注您筹建的大学的成长，我们也愿意参与其中，因为我们特别期待中国能够在高等教育上有自己新的标杆，像您的企业一样，您自己会亲自来管这个大学吗？还是交由未来的校长来管？这是很重要的管理模式，怎么能够把您的智慧更多更好地用在这所大学上，也是我们非常期待的。

曹德旺：学校交由未来的校长来管理。前期我负责做规划建设，建设资金已经到位了。之后会公开招聘一名校长，然后由校长组建教育团队、教师团队，我们负责协调政府和地方的相关事宜。毕竟专业的事情应该由专业的人来做，在我有生之年，我希望把这所大学办好。

我不理解的是现在有很多毕业生宁可送快递、送外卖，等着考公务员，也不愿意到企业就业，您认为这是什么原因造成的？

朱永新：你好聪明，把我踢的球再给我踢回来了，看我怎么踢这个球。我们高等教育已经走向了大众化教育，高中的入学率超过了90%，高等教育的普及率已经超过了50%，这已经进入了大众化阶段。但我们知道，有大学文凭不等于有水平，学历不等于学力，我们迫切期待一个从学历社会走向学力社会的新的发展时期的到来。

最近我读了布莱恩·卡普兰博士写的书——《反对教育的理由：为什么说教育体系在浪费时间和金钱》，这本书的书名很骇人听闻，他觉得我们在教育方面投资的时间和金钱都被浪费了，现在每个人学习不是为了真正提升能力，而是为了拿到文凭，文凭已经成为一个标志物、一个符号。当一个社会为符号去努力的时候、为外在的标志努力的时候，方向就错了。其实你刚刚讲的，一方面是大学生就业很困难，但是另外一方面是你的企业还缺人，所以这是一个结构性的矛盾。同时，更重要的是，如果我们培养的是创业者，如果今后我们的大学生毕业出来不仅仅是去就业，去争抢岗位的人，同时还能创业，创造岗位，比尔·盖茨也好，乔布斯也好，他们都在大一、大二的时候就弃学创业了。我认为，在某种意义上讲，不是大学生就业难，而是我们培养的大学生还不能很好地适应这个社会的需求，还不能具有真正的创业精神和情怀，眼高手低等一些问题还存在。所以，我觉得，我们的教育要更好地去适应这样的一个社会，适应这样一个时代，这是我们迫切需要的。我们现在几百万人同一时间毕业，过于集中也是一个问题，如果我们学生的毕业时间是弹性的，是不断流动的，如果我们的学习与工作之间是不断交互进行的，一个人想工作的时候就可以工作，想学习的时候就可以学习，就不会像这样一下子都拥挤到就业的道路上了。希望您未来的学校是那样的一种方式，德国的一些高等职业大学是在学生入学第一天开始，就和企业、就业联系在一起了。所以，我们的产学研怎么更好地合作起来，这也是解决大学生就业难的一个方式。现在我们的学校还是封闭的，如果学校跟企业有更多的合作，就业难的问题也会得到缓解。

曹德旺：《家庭教育促进法》即将实施，我也曾在政协提案里建议落实家长教育，生孩子之前要先培训。朱老师也非常关注家庭教育，为什么家庭教育存在这么多问题？怎么解决这些问题？

朱永新：谢谢，我是中国教育学会家庭教育专业委员会的理事长，这么多年来一直专注家庭教育问题。的确，我经常讲，教育是从家庭开始的，没有家庭教育的基础、没有家庭教育的成功，教育无路可走，教育就是一件不可能的事情。为什么？其实当孩子从家庭来到学校的时候，他已经是个半成品了。根据心理学的研究，孩子七岁以前，他的认知风格、行为习惯、个性特征，都已经基本成型，你看大脑的成长、脑图像就会发现，一个七岁孩子的大脑发育的成熟度跟一个成年人已经非常接近了，一个人一生最重要的本领就是他在小学前获得的，语言、交往能力等。所以，家庭教育太重要了，当我们很多父母亲在焦虑、纠结、埋怨学校的时候，在看着邻居家的孩子比自己的孩子优秀而着急的时候，其实是自己没有考虑到父母才是教育孩子最重要的力量，父母和孩子一起成长是整个教育最重要的基础和基石，父母对教育的理解也是家庭教育能否成功的最重要标志。

我去年写了一本《新家庭教育论纲》，就是在研究整个家庭教育最重要的理念、方法和路径。我发起的新教育实验，在“十大行动”里就有一个家校合作共育，我们认为未来教育的确需要解决的一个大问题就是家庭教育。父母好好学习，孩子才能天天向上。父母的榜样作用是很重要的，网上流传的我的几个关于家庭教育的关键词：第一就是陪伴，不能你去看电视，让孩子去学习；不能你整天忙于工作，不陪孩子阅读、走进大自然，那么亲子沟通的教育是不可能成功的。第二就是榜样，你是什么样，孩子就是什么样，孩子就是父母的一个缩小版，或者说一个复制品。在一定程度上，你希望孩子怎么样，你自己先要怎么样，这些都是家庭教育最重要的东西。

另外，我在我的微博里有一句话，对父母来说很重要。这句话就是：幸福比成功更重要，成人比成才更重要。这是很多父母亲必须意识到的问题，你认为孩子的幸福和成功，其中哪个更重要？当然父母会说都重要，甚至会反问：没有成功哪来幸福？其实，成功绝对不意味着幸福，你考上一所名牌大学算是成功了，你拿到一个高工资算成功了，有很高的社会地位算成功了吗？算成功了，但不一定幸福。幸福是一种能力，我们要让孩子能够享受生活，享受学习的快乐，享受他跟周围人一起生活的快乐。第三就是阅读。阅读本身也是通向幸福的一条很重要的路径，因为它能够让人宁静、能够让人找到另外一个世界，能够让人有信仰，信仰本身也是让人幸福的一个非常重要的来源，很多伟大的信仰者，有的很清贫，但他很幸福。从事善的事业是幸福的，所以我能够感受到曹先生的幸福。您虽然也有很多繁忙的事情，但是您是幸福的，因为您有信仰。幸福的体验对人来说是非常重要的，我们一定要让一些理念被父母亲知道并且高度认同，同时让父母亲知道，父母亲是孩子最好的老师，最好的教育是让每个孩子成为最好的自己。每个孩子不一样，有些孩子很不幸，生下来就是天生的残疾儿，天生有一些缺陷，你不能要求他像刘翔、姚明一样，但是每个生命都有他存在的价值和存在的理由，我们帮助他能够享受他的独特性，发展他的潜能，这是我们父母亲要考虑的。不能老是看到邻居家的孩子，不要老是把自己的孩子与别人的孩子相比。要享受你跟孩子在一起的每一刻，让他享受到爱，让他感受到家的温暖，让他体验到学习的快乐，这是家庭教育最关键的问题。

曹德旺：我注意到您很关心未来教育的发展趋势，我想请教您，您觉得我将来的大学会是什么样子？

朱永新：我觉得，只要曹先生在您的这所大学上用心，像做您的福耀企业一样，我对这所大学是充满期待和信心的。我觉得信仰和抱负很重要，一个人只要有了这样的信仰和抱负，他一定能够做成事，无非是困难大一点还是小一点，问题多一点还是少一点。我相信您会走得很远，如果用其他大学的办学思路来办一所大学，您是走不远的，因为中国不是多一所和少一所大学的问题，我们期待它的独特性，期待能彻底打破现在大学的枷锁，才能办成一所真正意义上的大学。不要过于相信现在大学的这种套路和成功性，因为您企业的成长说明了这一点，您用了不到十年的时间把许多国外高科技的玻璃企业都打败了，走自己的道路很重要。当然，大学培养人才有它特殊的规律性，我们在尊重规律性的同时，一定要打破很多限制，包括招生，能不能不要参加高考，能不能有一定的自主权，能不能边学习边工作，用你创新的思维办一所创新的大学，这是我特别期待的。所以，我觉得我们大家都很看好您，寄予很大期待，我们也会一直关注，积极参与。

曹德旺：谢谢您，我在这里邀请您明年过来参观我的大学。

朱永新：行，谢谢您。对话好像还意犹未尽，但由于时间关系，我们必须停止，后面还有几位嘉宾的演讲，我期待有机会到福耀去拜访曹先生，谢谢。

“双减”论坛

“双减”新政并不仅仅是给学生减负，其目标是构建良好的教育生态，建设高质量教育体系，但实施过程中也存在风险和困难。在“双减”新政推出后，教育系统面临哪些问题？在实施“双减”新政过程中应该规避哪些风险？如何建立有效机制，保障“双减”工作切实落到实处？

召集人：项贤明（南京师范大学教育科学学院教授、教育理论与政策研究院院长，民进中央教育委员会副主任，中国教育三十人论坛成员）

檀传宝

北京师范大学教育学部教授

不增不减的教育真谛

——对“全面发展”概念的准确理解

在某种意义上说，中国教育理论常常是滞后于教育实践，尤其是教育政策实践的。比如国家出台“双减”政策之后，一时间全国各地教育论坛就都聚焦于“双减”。不过，货真价实的教育理论却一定是超越时空的，一定超越“新桃”“旧符”的口号、标签，引领社会与教育的实践，也包括教育政策实践。

我们不妨以当前对“双减”政策及其实践的讨论为例。

一、两种“双减”恐慌的背后

以促进“全面发展”、减轻学业负担为初衷的“双减”政策出台后，许多不明就里者十分乐观，认为双管齐下，素质教育、教育公平指日可待了。但很快就有人做反向的反思，认为“双减”政策反而会导致教育质量、教育公平的降低。在北京，教育之“减”已经让“中关村妈妈”们普遍恐慌，甚至产生某些社会性事件，让教育管理部门不得不做出回应。于是就有人认为：就是要让“中关村妈妈”恐慌，因为她们恐慌背后的“应试教育”逻辑在根本上是错误的。

那么，以教育之“减”让“中关村妈妈”恐慌，一定对吗？我以为未必。

这里有两个方面的原因：一是二十年前出现的“知识经济”与今天较为时髦的“数字经济”“智慧化生存”等，都证明一个历史发展的大趋势：人类已在知识生产的规模上呈现几何级数的暴涨态势，而一味希望儿童、成人学习的内容越来越少，一定是反智且不可能的。我在1998年发表过一篇短文，解释绝对、简单减负的不可能性，我认为至今仍然有解释力。二是希望通过落实“双减”政策去抹平升学竞争背后的社会不平等，更是一种乌托邦式的思维——因为社会文化资本的巨大差异不在教育之内，而在教育之外——虽然教育对社会改造也有能动性，但是从根本上说，是社会的不公平造就了升学等教育环节的不公平，而非相反。故减轻课业负担、实现教育公平的初衷虽好，但由于我们策略上的舍本求末，实践起来也就注定难以顺遂。

出于对“双减”可能导致教育质量降低的忧虑，有人提出：既然有“双减”，就该有“双增”“多增”。然而撇开“双增”已经产生让教师的工作量非理性地增加等负面效应，“双增”处理不好也会制造甚至加重“中关村妈妈”们新的恐慌。正所谓“减”也恐慌，“增”也恐慌。以校外辅导为例，即便我们取消了某些“应试教育”导向的补习班，我们也不可能取消所有以促进“全面发展”为名号的课外辅导。实际上，许多校外机构也正在“下有对策”地实现企业的“转型”。过去拼“奥数班”，以后会因为“综合素养”而拼“足球班”“国画班”“舞蹈班”等。所以，只要造成教育恶性竞争的社会土壤不变，只要与人身依附、等级制度相关联的教育观念不改，无论教育“减”或“增”，“中关村妈妈”们的恐慌，就一定难以减轻。

那么，到底当前中国教育应该“减”什么，应该“增”什么？对“减”政策的正确理解、对“增”的诉求及其出路在哪里？

无疑，从社会制度入手解决教育公平的宏观、系统的理论分析亟须加强。但限于篇幅，本文只能聚焦于一个教育观念的分析。换言之，我认为：在以“人的全面发展”为理论旗帜的整个素质教育运动以及当前较为具体的“双减”政策的推行过程中，我们许多人都忽略了一个教育基本理论上的追问——大约一个半世纪之前，马克思所言的“人的全面发展”到底是什么意思？这样一个“老”理论，对我们今天的“双减”政策分析还有现实指导意义吗？

二、正确理解“人的全面发展”概念的内涵与本质

新中国成立以来，中国教育的指导思想一直都是坚持马克思主义教育理论的指导，尤其是人的全面发展思想的指导的。可惜的是，我们对全面发展的概念一直是经验性的理解，也很少注意老一代教育学家们所做的理论工作，其结果就是形成了对于这一概念的诸多误读。

比如在我们的教育方针的表述上，就一直在“德智体”“德智体美”“德智体美劳”等要素上打转转，在“面”上解释“人的全面发展”。须知：即便是“面”上的理解，马克思所言的全面发展其实也比这种经验表述更具概括力。作为哲学家的马克思所说的全面发展，是指“体力和脑力”的“均衡发展”——这是一个极具逻辑上的概括力的表述，因为人的能力并无体力和脑力之外的东西。所以，“全面发展”其实已经是比那些经验性表述更好的概括。换言之，“全面发展”是“里”，“德智体”“德智体美”“德智体美劳”等是“表”。后者只是一种为了政策、宣传上方便的

经验性表述（比如“德智体美劳”意义上的“全面发展”更易于为老百姓理解）。

“德智体美劳”意义上的“全面发展”固然易于被老百姓理解，但是如果不回到马克思的体力、脑力均衡发展的原初理解上，教育实践就一定会让孩子们的学业负担越来越重、家长们的焦虑越来越多。比如现实生活中已经存在的一个怪现象是，某些孩子、家长周末甚至比工作日更忙——因为“中关村妈妈”们要送孩子上形形色色的“全面发展”的补习班。

除了在“面”上的理解之外，还有一个更根本的问题在于：马克思为什么提出要培养“体力和脑力”的“均衡发展”的人？对于“片面发展”的批判或者对“全面发展”倡导的本质到底是什么？

马克思在他的《德意志意识形态》中曾经这样描述过“全面发展”的人：“在共产主义社会里，任何人都没有特殊的活动范围，而是都可以在任何部门内发展，社会调节着整个生产，因而使我们有可能随着自己的兴趣今天干这事、明天干那事，上午打猎、下午捕鱼，傍晚从事畜牧，晚饭后从事批判，这样就不会使我老是一个猎人、渔夫、牧人或批判者。”这就表明：“全面发展”只是一个工具性的教育目标，全面发展的背后才是教育之终极或者本体的目的，那就是——能够让人“随着自己的兴趣”——促进受教育者“自由个性”或者“个性自由”的实现。换言之，“全面发展”是一个三维、立体的概念，或者更明确地说，“全面发展”是表，“自由个性”“个性自由”是里。全面发展的核心、本质、最终目的都只有一个：实现个体的“自由个性”。

综上所述，在我们对于“人的全面发展”概念的理解过程中，实际存在两个方面的误读：一是将“全面发展”做平面化的理解，教育理论长期陷于对“德智体”“德智体美”“德智体美劳”等政策表述的无谓争议之中；二是不去思考为什么要追求“全面发展”，教育实践长期忽视了现代教育应当追求“自由个性”的实现这一全面发展的灵魂或者本质。

若我们回到马克思“人的全面发展”概念的原点，再回过去看“双减”政策，我们又会看到些什么呢？

三、明晰“人的全面发展”概念的教育实践意义

回到马克思“人的全面发展”概念的原点，其实就是找回理论的定力。再去看“双减”政策，我们至少可以做到以下两点。

第一，不要让“减法”成为一种局限。教育之“减”让“中关村妈妈”们普遍恐慌的原因是教育质量（学业成绩）的下降。比如对绝对不留作业，家长们的担心就不无道理。须知适当地留些作业，不仅是学习心理学的规律要求，其实也有德育的意义。家长们努力工作、孩子们（中小学生）努力完成自己的作业，都是身份认同、责任担当的不同表征。“课业负担”问题的根本，并不在作业的量，而在教学的质。若孩子对学习感兴趣，有内在学习动机，课内、课外的练习则都是他们获得智力发展的一种人生乐趣，何来“课业负担”？故教育工作者应当将“双减”理解为教育质量的提升。这就意味着：一是要讲均衡发展，即基础教育不要让孩子太过“偏科”，或者忽略体力脑力发展（或者德智体美劳）的任何一个维度；二是要讲“自由个性”，其中一个最重要的策略是培养孩子的学习动机。

第二，不要让“加法”成为一种局限。其实在“双减”政策出台前，“中关村妈妈”们就已经比较“累”了，一是忙于送孩子上各式各样补习班的体力、心力之累，二是缴纳各种昂贵辅导费用的财力、物力之累。过去拼“奥数”，现在拼“足球”“国学”“舞蹈”等，累则累矣，“中关村妈妈”们却很少从孩子的视角去追问自己——为什么我的孩子一定要学某项

“才艺”？隔壁家孩子喜欢的，我的孩子也一定喜欢？为什么音乐、美术、国学、足球，都一定不能输给隔壁家的孩子？一句话，若不能让“个性自由”成为发展与教育的灵魂，无论学校、家庭教育如何“改革”，想不累都难。

顺带说一点：对马克思“人的全面发展”概念的理解还有助于我们回答时下许多人都关注的为何要实现“五育融合”的问题。因为德智体美劳本来就是“全面发展”这个概念的经验性表达，它本来就该是融合的，而且应该是以“自由个性”为灵魂的融合。

最后，还是那句话，虽然时代的发展日新月异，但是教育的规律永恒。

谢谢大家！

储朝晖

中国教育科学研究院研究员

“双减”的主旨与边界

各位好，我讲的是跟实践更加结合的话题。

“双减”本身是怎么产生的？我们可以回到大概七十年前，当时我们就讲到了学生和课业负担重，怎么解决学生课业负担重的问题，中间经过了很多过程，特别是最近十多年来，我印象很深刻，在2008年做《国家中长期教育改革和发展规划纲要（2010—2020年）》时就讨论高考的问题，当时制订了一个方案，其中最关键的就是“招考分离”。2014年的时候没有实现解决“一考定终身”这个目标，2018年发布《国务院办公厅关于规范校外培训机构发展的意见》的时候，事实上想解决前面的问题。但后来的结果是没有解决前面的问题，导致后面又有了新的问题，减负减不下来，又有《深化新时代教育评价改革总体方案》，但依然没有把我们过去存在的一些问题解决，然后就有了“双减”。

“双减”本身的着眼点，官方文本已经讲得很多了。我的理解，存在的根本问题不是校外培训机构的虚假宣传、定价高、退费难、卷钱跑路、盲目扩张等问题，而是校外培训机构“绑架”了学校、学生、家长，成为一个体系的问题。不是因为培训机构本身存在问题，我们要规范它，而是由于校外培训机构客观上建立了另外一个体系，导致我们正常的、正规的学校教学没法进行。所以，从这个角度来说，“双减”本身是个阵地战。在这个阵地战里谁占主要地位，谁能够在这里面发挥作用，强化学校教育主阵地作用，这才是问题的关键。

《关于进一步减轻义务教育阶段学生作业负担和校外培训负担的意见》（以下简称《意见》）中列出的目标就是要提高学校的质量，这次《意见》中把提高学校质量和规范校外培训两个方面同时提出，这是跟2018年规范校外培训机构一个明显的不同。这个明显不同显示出我们政策制定上有进步，能够从更加全面、完整的角度来考虑问题。这个目标也明确地提到了要让学生的学习回归校园这个主阵地，这里面用了两个关键词，一个是要“应教尽教”，这是相对于课程标准来说的；另外一个是“学足学好”，它没有一个客观的或者是确定的标准，学足学好应该根据学生的成长发展需要，不同的学生个性不一样，潜能不一样，成长的状态不一样，什么叫学足学好呢？应该说这个目标是很难考核的。所以从这个角度来说，我们所说的“双减”是在现有阶段怎么减轻学生的学业负担的问题，这才是关键。

怎么减轻学生的学业负担呢？背后又涉及不同的主体，即政府、家长、学校、学生对这个问题的看法是不一样的，要求是不一样的。现在的《意见》中也讲到，我们存在一些短视化、功利化问题。造成这种短视化、功利化问题的原因是什么？如果一个人没有外在的要求就不会短视化、功利化，短视化、功利化跟我们教育的评价和管理是直接相关的，所以，要实现这个目标，就不是教育自身能够解决的，还涉及教育的管理、教育的评价、教育实践等深层次的多个方面。

“双减”可能会出现的状况是，作业量减少了，负担却不能够减轻。现在每年参加高考的考生都是按照同一个标准要求的，再少的学习内容对于考生来说也是多的，负担也是重的，这是第一。第二是，治理了校外培训机构，但是培训刚性需求尚在，消除不了培训，培训依然会像割韭菜一样割了一茬又一茬。第三，学校有了课后服务，但仍不能满足学生多样化需求。我观察了北京的学校，要求学生用一个小时完成作业，用一个小时参加活动。有的学生觉得这个活动很有意思；有的学生则觉得这个活动跟自己没什么关系，完全是熬时间。所以这个问题不是说我们统一规定一个课后服务时间就能解决问题的，事实上还是要依据学生具体成长发展的需要来安排时间，这才是最重要的。

另外，学校的教育教学质量难以提升的原因是什么？这里提出两个关键词“应教尽教”“学足学好”。按照什么样的标准，达到什么样的要求，就算应教尽教了呢？这个问题好解决，就按课程标准要求的内容。我多次提到一个建议，中考不用考。学生完成了国家规定课程标准的内容，就完成了义务教育，就达到了要求，就合格了，就可以去上高中了。学生上高中依据中学阶段的学业档案录取就行了，这样负担就减轻了。但是另外一个词是“学足学好”，这是很难做评定的，没办法评定。各个地方还有另外一个突出的问题，一些地方没有及时足额发放教师工资。《意见》当中提到要提升保障能力，问题是地方政府拿不出钱提升保障能力。拿不出钱的话，很多措施就得打折扣，这是一个更突出的问题，这样会造成新的不公平。

“双减”措施可能会产生一些“漂移”。

死盯培训到极致：培训机构跟学生成长发展不是必然相关的，我们一味盯着培训机构，可能治标不治本，我们更应该盯着的是孩子是不是健康成长，这是两个不同的目标。

学校回到主阵地：当有另外一个机构跟学校竞争的时候，学校才有可能不是主阵地。我们学校已经成为主阵地了，但我们要真正提高教育教学质量成为一件难事。学校觉得很安全了，没有人跟我竞争了，我可以休息一会儿了，这样是不可能提高教育质量的。

短视化、功利化问题没有得到根本解决，优质、高效的教育供给减少：我现在最担心的是未来一段时间中国的教育资源的数量和质量，这两方面会出现严重不足。现在如果供给不足，接下来的一系列问题都会发生，家长的需求、学生的需求得不到满足，焦虑不但没有减轻，还会增加。

再一个是有些地方已经想出了办法，即降低考试难度。那么降低考试难度能不能解决问题？多年前苟仲文书记就要求降低考试的难度系数，我明确跟他讲，考试难度系数不能够由行政来决定。北京市有一段时间考试难度系数降低了，但后来这几年又提升了，因为这种考试是专业的，要把行政要求跟专业要求的责任与边界分清楚，要有一定的边界，如果没有边界可能就乱套了，就解决不了问题了。

“双减”漂移的可能原因：“1+N”政策制定体系，其中“1”已确定，“N”指的是落实过程中需要对一些概念进行科学界定，对一些工作要求进行细化，“N”可能越界、漂移。

我们政策执行采取的是多部门治理，多部门治理有优势，优势是能够形成合力，克服教育部门执法难题，但很难做到专业、精准，难以共同走到最终目标，存在较大风险。

还有一个重要的问题，学校、教师自主性与执行政策失衡。

减负使得学校、教师的自主性大大降低，从属性增强，依从度提高，外在约束增加，积极性与效能下滑。师生在减负中是被动的，什么事都由教育行政部门说了算，最终搞得大家都不自主。自主负担最轻，减负需要同时减轻师生的负担，而不只是减轻学生负担。都不自主的结果是让负担变得越来越重，效能还不能提升。相对于其他国家来说，我们学习的难度不是最高的，但我们的学习时长是最长的，为什么？就是在一定程度上存在师生自主性降低的问题。

关于延时服务与师生承受力之间能否平衡的问题。延时服务不仅涉及时间加长，还涉及内容增加，安全责任加大，再加上师资力量不足，造成了师生疲劳感增强，心理问题发生率增高，倦怠增强，效率下滑等一系列问题。有老师跟我说，之前农村的学校没有延时服务的时候，下午4:30放学时天还是亮的，孩子可以自己回家；有了延时服务，5:30放学时天黑了，家长就必须接孩子。

“双减”有可能导致学校未来形成分化。更高的自主性才能获得更高效能，有了更高效能才能获得更大自主性。对于一部分本来绩效就比较好的学校来说，它们在这个过程当中会越来越有自主性，变得越来越好。对于另外一部分本来绩效就不好的学校，在这个过程当中会越来越被动，变得越来越低效能，最终导致学校进一步两极分化。

谢谢各位倾听。

刘　畅

一起教育科技创始人、董事长兼CEO

大数据驱动下的“双减”实践探索

各位专家、校长们：

大家下午好。很高兴有这个机会跟大家做一个深入的交流，一起教育科技一直以来在做两块业务，一个是我们做了十年的“工具”，叫“一起作业”；一个是我们在过去三年里做的教育培训。今年七月份，在国家实施“双减”政策之后，我们果断地对教育培训进行压缩，同时我们发现在“双减”和考试大规模取消的情况下，曾经做了十年的默默无闻的“一起作业”突然间变成由国家买单去提升校内教学质量的业务。

前面部分专家讲了理论，接下来我们会讲学校里的实际应用案例。

作业应用破解“双减”难题，我们定义的客户价值非常简单，在小学就是作业问题。作业问题是容易解决的事情，老师不布置作业就可以了。但实际上不是这样。中学必然要解决的是题目更少、学得更好的问题。

为什么现在国家会在作业问题上关注培训机构？为什么所有的“双减”文件的前半部分都强调减少作业方面的负担？我们公司创业的初心就是发现中国孩子写的一半以上的作业是无效的，所以我们的目的就是，怎么把一半的无效作业解决掉。

常听到"教育最突出的问题是中小学生太苦太累"的说法，办学中的一些做法太短视、太功利，大家都知道这种状况是不好的，但又不自觉地在沿着这条路走，从而越陷越深，越深越陷！我们需要解决的问题是如何以作业为抓手，让整个校内教育变得不太苦、不太累，所以我们定义了"太苦的七大指标"和"太累的两大指标"。太累的两大指标跟教育部门的要求一样，就是通过收集的数据，把小学语文、数学、外语三科加在一起的作业时长控制在一小时以内，中学作业的时长控制在国家要求的一个半小时以内。太苦的七大指标是解决教育的育人问题，我们基于作业数据暴露出的学生学习问题，希望在七个方面帮助学生：让学生从没有学习兴趣变得更有学习兴趣，让学生从不主动做作业变得更主动做作业，让学生在学习上从不自信变得更有自信，让学生在解答疑难问题的时候能够克服畏难情绪，让学生在平时学习的时候能够有计划，让学生学会以作业单元为单位进行反思，让学生能在不太苦的学习过程当中，在有限的作业时间里完成得更好。这里的"更好"不再是指简单的知识层面，而是上升到对人生有益的学习品质层面。如果今天我们找家长询问，令他最头痛的问题是什么，很多家长会说是孩子不听话，家长管不住。我自己有个小女儿，只要一写作业，她一会儿要吃零食，一会儿要上厕所。今天"80后""90后"的家长们在孩子学习习惯的养成上更是无能为力，如果不能够解决周六日以及寒暑假中孩子自主性学习的问题，对于一些家庭来说，假日就是"灾难日"。所以校内的教育不仅要做到让学生完成作业，还要培养学生自主学习的能力，能够让他在非校内时间度过一段愉快的自学时光。

如何以互联网为手段让作业时长的控制做到真正落地？我们看到有些地方教育部门的做法是让老师填写一个预估时长。大家知道作业的预估时长经常是不准确的，如果三科老师每人填一个预估时长，加在一起正好不到一个小时，然后说这就是作业减负的实际可量化，我认为这是我无法接受的管理方式。如果说给老师、学生每人都配一个点阵笔，我认为这是在城市里可以落地的做法。首先，每份作业老师自己应先做一遍掌握一下时长，如果老师发现自己做一遍作业所用的时长是八分十五秒，那应写预估时长是十分钟，后来证实学生做题所用的时长是十二分钟。在这个过程中，老师开始慢慢培养自己对时长的预判能力，因为每个具体的作业时长骗不了人。然后对于三科加在一起的时长，每个学生、每个班都能够做有效的统计，老师如果能够反思，如何科学、合理地分配每一科目作业时长的问题，就能尽可能地优化学生的作业内容，且让学生在有限的作业时间里暴露出教学中遇到的问题，如单元问题、课堂中的共性问题，学生们自我订正解决的个性问题等，这样作业的时长就能够得到有效把控。

作业暴露出的问题绝不只是知识掌握方面的问题，而是更深层的问题，这是真实的数据反映出的。比如，一个非常难、学生未解答出的题目，A同学、B同学尝试做的次数有二十次、八次，这是学生们真正在草稿纸上的计算次数。对于这样的问题，老师不应该只关注学生做题的结果，而应该鼓励学生在难题面前勇于挑战自我，老师要教给学生的不是仅一次有用的考试知识，而是一生受用的学习品质。

“双减”背后，承受压力最大的是老师，老师的压力在于答疑，晚上回到家里还要解决学生的问题。在创新的作业单上，我们可以在每个题目下面都做一些提示，这些提示是一些解决问题的支架，让学生能够更高效地解决问题。一个初中生写反思的时候，他写不出来，我们给他一个问卷：你早上起来是背单词，还是做复杂的难题？当碰到一个难题时你会不会做标记，然后做反思？在让学生做反思的时候，这些学生可以把自己学习品质方面存在的问题记录下来。

教学支架的设计成为我们的基本理论依据，我们认为作业的牛鼻子是单元作业。在不考试的情况下，用单元作业就能够把学生在校内学习的问题暴露出来，老师在课堂上解决学生学习中的共性问题，学生在课下解决自身学习的个性问题，这就叫校内问题不带回家。

一旦学生遇到问题，可以使用我们开发的工具——学习仓。这个工具是一个教育局局长的发明。有了这个学习仓之后，老师不用一个题讲很多遍，就能保证不同的学生听到不同的讲解，而且这个学习仓每个孩子可以带回家，遇到不会做的题随时都可以听讲解。此外，北京、上海还开通了直播答疑，但客观来说，使用的用户并不多。做题时，哪道题不会就听哪道题，这个学习仓建立的不只是高质量的作业库，还有跟作业库相对应的讲解库。

所以，作业是数据来源，它真正的价值如下：

第一，它能够帮助老师从教书走向育人。老师在课堂上不再只是简单地传授知识，而是让学生学会自我总结。

第二，基于作业数据对教研做反思。减负的核心是提高校内教育的质量，校内教育的核心不是作业质量，而是课堂质量。作业数据可以作为老师教学的重要参考资料，老师通过作业数据能看到自己在教案编写和教学方面存在的问题，通过解决这些问题可以把课堂质量、作业质量抓上去，这样，就可以实现校内问题在校内解决。

在家庭教育方面，我们也做了一个非常有意思的创新。过去很多教育机构搞的家庭教育活动无外乎是请一些专家讲课，让家长去听课，让家长了解自己在家庭教育方面出了哪些问题，然后有针对性地解决，可我们发现家长学习之后还是什么都不懂。我们的做法是把有关孩子学习品质方面的数据推送给家长，让家长根据自己孩子的问题来重点看，有针对性地帮助孩子提升学习品质。

第三，给校长、局长推送大数据报告。我们认为核心的要点是让校长抓三件事：一是作业要符合教学目标，二是共性问题，三是个性化问题。

这三个事情抓到底，基本上校内的问题就能够解决。

最后简单说说我们正在探索的事情，即在上海做数字化转型。第一个转型是创新应用，第二个是教育新基建。这是上海推出的数字基座，一个学校的数字基座能够保证各个应用的数据汇聚起来服务于学校。这是创新资源建设，在上海我们服务一些区，由老师来贡献题库和讲解库，我们出数据。这是教育管理流程再造。在新冠疫情期间虽然老师没有在学校坐班，但是我们依然可以通过每天的数据对老师进行管理，对老师的教学质量做有效的监控。我们认为教育管理的本质就是一种数据的获取，这种数据的获取可以赋能多种角色。

我们今天也从更多研究的课题中发现，如果有了高频覆盖全区100%的作业数据，且对学生的学习成长进行跟踪监测，如果这些数据能够客观、精确，就可以解决一考定终身的问题。一旦考试这个牛鼻子解决了，“双减”要解决的问题就能得到一定程度的解决。

以上是我们在实践当中的一些思考，希望得到大家的批评和指正。

陆云泉

国家督学
中国教育学会中小学整体改革专业委员会理事长
北京一零一中教育集团校长

“双减”与创新人才培养

各位专家，各位线上的朋友：

大家下午好，今天我要讲的是“双减”与创新人才培养。

为什么要讲这个题目？因为现在的“双减”，从社会层面、专家学者层面上都有很多解读，从学校的层面来讲，其实就是落实“双减”的政策。

我们现在关键的问题是怎么落实。如果把“双减”仅仅定位在作业的管理上，我觉得有些肤浅，要控制作业的量非常简单，给一个作业完成的时间限定就可以。如果我们遵守这个时间限定，控制这个作业时间，是不是就抓住了“双减”的本质问题？我认为通过“双减”我们把负担减下来以后，应该怎么提升育人的质量，这是我们需要讨论的一个关键。

2021年7月，中共中央办公厅、国务院办公厅印发《关于进一步减轻义务教育阶段学生作业负担和校外培训负担的意见》，其中，有很具体的三十条。在这三十条里，从学校层面来看，和我们有关的是这么几项重点工作，包括作业管理、课后服务、教学质量、家校协同等，但是我想，我们需要解决的最关键的问题还是作业的量。“双减”关键是要释放学生的学习潜能，如果学生的学习潜能释放了，他的负担就减轻了。我们不能仅仅限定在做多少作业、怎么进行作业管理上，而是要打开三个边界。第一是要打开学科的边界，让学生找到学习的目标和乐趣。第二是要打开学习的边界，在这个过程中，师生是学习的共同体，我们注重的是能力和实践。第三是要打开学校的边界，把学生关在校园里，这并不是我们的目的，学校应该让学生多参与社会活动。此外，学校应该让校外的一些资源进校园，更好地助力学校和学生的发展。

我认为落实“双减”政策，最主要的应该是转变我们的育人模式，提高我们的育人品质。如果“双减”仅仅是让学生少完成一些家庭作业，这个“减”就是低层次的。

从学校层面来讲，学校要做的就是让老师上好每一堂课，我们讨论了课堂教学有效性的标准，最基本的问题是这五条：清晰授课，多样化教学，任务导向，引导学生投入学习过程，确保每堂课学生的听课效果。

在常态课上，应努力让我们的教学目标更加清晰，更好地适配学生的学习状态，我们的教学内容应该做到着眼学生的发展，教学过程应该努力做到让学生能够心动、神动、主动，思维能够得到启发。

这个过程中，我们提出有效的作业设计。为什么我们现在产生一些低效的作业？主要的原因是我们老师对课程的设计比较在意，而对作业的设计不太在意，没有做到坚持探索性原则，发展学生思维能力；没有做到坚持实践性原则，促进学生知行合一；没有做到坚持个性化原则，满足学生多元化发展需要；没有做到坚持创新性原则，引导学生乐做善做；没有做到坚持轻量化原则，保护学生学习兴趣。

在这样一个基本原则下，我们特别强调高质量作业体系的建设。从我们学校层面来讲，正在以课题为抓手研究高质量的作业设计，我们希望形成一个闭环，整体地规划学科单元作业，研制我们的作业目标，设计单元作业，完善整个作业体系。我们需要根据整体的学科素养要求，完整地设计一个作业。

同时我们在这个过程中，特别强调精准的教与学的把控。不管技术多么先进，我们以往课堂教学的基本六个环节是不变的，就是备课、上课、作业、辅导、测评和反思，而以往我们在这六个环节中没有很好地利用大数据，随着技术的发展，我们可以利用大数据对学生的学习进行精准的数字画像。比如，在备课的过程中，如果学生已经在线开始预习了，我们就可以对学生的预习情况进行追踪，在上课的过程中，根据课堂的及时反馈，我们可以知道班里每个学生学习的层次差异；在作业模块中，我们可以研究掌握学生作业的轨迹。我们会对学生进行分层式辅导，进行的测评同样需要一些精准化、科学化、基于大数据的判断，同时根据这个判断得到反思的结果，以进行精准的教学支持。我们现在正在做的是利用大数据和人工智能为教师提供精准的、个性化的、智能化的服务。

通过对一些这样的大数据的收集，我们可以得到每个班级甚至于每个学生的学业数据的智能画像，根据这个画像，我们每天都要调整教学的节奏，使得我们的教学更加精准，以减轻学生过重的学业负担。

我们的课后服务到底要给学生提供一些什么样的东西？我们提供的课后服务有的学生觉得很好，有的学生根本不感兴趣。腾出来的时间到底要做什么？我认为除了五育并举、五育融合，更重要的是要支持学生个性的发展，包括学生个性发展里的创新型发展。

我们讲到劳动教育，实际上不一定非要到学校外去劳动，在学校里也可以劳动。我们学校里就设有很多劳动岗位让学生去体验，包括食堂劳动岗、医务室劳动岗、交通管理岗等。

我们学校的孩子现在自己在设计、制作集成电路，下一步我们还准备做芯片，我们学校的小卫星现在已经进入了中非对接项目，进入了HOPE计划，我们计划年底将这个小卫星发射上天，我们邀请非洲国家学校的孩子们跟我们一起进行卫星方面课程的训练。这个平台成为真正意义上让学生既能仰望星空，又能脚踏实地的激发他们内在学习动力的平台。

在“减负”内涵的把握上，就是落实好教育方针。我们经常讲德智体美劳全面发展，但是前面还有一句话，就是“必须与生产劳动和社会实践相结合”。我们怎么与生产劳动和社会实践相结合？那就是要让教育回归生活，让学校和社会能够紧密地结合，培养学生学习的兴趣，开发学生的潜能。

由于时间关系，我就汇报到这里，谢谢大家。

刘可钦

北京中关村第三小学校长

学校“双减”落地之策：不止加减，还有乘除

“双减”政策出台，对于我们学校来说，重在按照中央和北京市的文件精神对标对表，以此校准学校的行动，完成“双减”政策的落地执行。所以，我用这样的题目给大家汇报“双减”落地学校过程中的一些做法和思考，也表达一种追求。学校落实“双减”工作，既要有加与减的量上的变化，更要有乘除法的工作思维，去开展系统性建构、结构性调整和变革，创建高质量学校育人体系，更好地落实学校立德树人的根本任务。

一、用增减变化，校准行动，清晰目标

“双减”之下，我们学校首先需要对标对表地做好相应的加减法。

比如，削减作业总量和作业时长，减少考试的次数等；同样，我们也增加延时服务、体育课时、劳动教育等，让学校的“双减”工作在量上有一个明显变化。

我们说，“双减”工作就是要回归学校育人主阵地。但是，要满足学生多样化的需求、建设高质量的教育体系，仅做表面上的加与减显然是不

够的。

因此，在“双减”背景下，为了更好地满足学生多样化发展需求，我们需要重新组合学校的人力、资源、时空、内容等要素，需要通过系统性建构和结构性调整，建立学校整体性的高质量育人体系。我认为，这是“双减”工作追求的终极目标。

二、用系统性的建构，提升教学管理整体效能

系统性建构应该是乘法思维的一种体现，即将相关变量系统整合，相互作用，形成最大乘积。

比如，作业质量是这次“双减”的关键变量，我们说小切口里蕴含着大改革，而提高课堂质量则是“双减”工作的核心变量。同时，影响学生学业质量的还有师生关系、课程供给、老师的教研质量等相关要素，这需要学校系统规划这些要素，让它们之间相互产生作用，彼此支撑，共同抵达目标。

（一）在作业质量上，将管理、教研、评价进行一体化设计，让作业从“多难繁”走向“精而准”

应该说，我们过去对学生作业的管理和研究是不足的。有的老师习惯于上课讲课，下课才让孩子写作业，所以学生的作业一直写不完；有的老师认为“熟能生巧”，持续地陷入“刷题”这种困局并且形成了依赖。在教学管理上，管理者习惯于检查老师布置和批改的作业量够不够，有时候还偏向于多多益善，忽略作业对于学业的诊断功能；特别是布置给学生的作业题目基本来源于现成的教辅材料，作业缺乏个性化设计，老师很难对学生进行个性化的学业诊断和提升。

走出作业的“痛点”就是我们改进的方向。

在学校层面上，要统筹学生作业种类和总时间；在作业内容上，要满

足孩子个性化需求；在习题的设计上，要与教学倡导的价值观和方向建立微观环节上的匹配。也就是说，考试的“指挥棒”要与教学过程中倡导的教学改革形成价值观层面上的共识。

1．作业清单：实现总量和种类控制，形成标准

中关村三小建立了作业清单制度，语、数、英三个学科都完成了作业形式种类的整体画像。以“语文书面作业规范批阅标准”为例，明确了作业内容、适用年级、具体要求、批阅标准、复批标准、用笔要求、完成场景等，使教师、学生和家长一目了然，心中有数。

2．作业统筹：建立日、周、单元作业的全链条设计

作业统筹，是为了避免短时期内各科作业的叠加给孩子带来瞬间的压力负担。学校和老师分别从学科单元视角、学科协同视角进行统筹，作业从一日、一周、一单元、一学期进行系统规划，避免作业布置的随意化。

3．作业评价：对学习过程中的过程性诊断

作业评价是学校教学管理链条中最重要的环节，是过程性诊断的重要手段，有效的过程性诊断可以起到相互学习、及时改进的目的。我们在这个环节中主要采取了自检、互检和抽检三种方式。

自检，是学生、教师结合学科作业评价量规，进行作业自我检查；互检，是“校中校”组织同学们进行跨学科、跨龄作业的相互欣赏，相互学习，学生最好的榜样是身边的人；抽检，则是由课程部组织进行作业的抽查，发现问题，及时提出改进意见。

4．作业定制：建立跨学科、跨年级教师研发梯队

教师每天陪伴孩子学习，是最了解孩子学情的人。因此，我们组成跨学科、跨年级的教师研发梯队，围绕着随堂作业、表现性评价、期末命题、诊断工具，提供不同的作业类型。尤其是对“诊断工具”的研究，用什么样的“工具”能够“测量”出孩子在学习中遇到的是思考方面的问题，还是知识梳理方面的问题？所以，不同的内容、不同的时期会用不同

的诊断工具，这样就避免了作业单一练习的形式。比如，单元梳理重在考查学生对整个知识的建构能力，综合实践侧重于考查学生对知识的理解和运用能力，发现和提出问题考查的则是学生在知识掌握过程中的独立思考能力等。这样，作业的形式就变得多样，有随堂练习、拓展阅读、发现提出问题、综合实践、单元梳理等，促进学生用不同的方式巩固知识、加深理解综合运用能力的提升。

通过这样一个有针对性的作业供给形式，逐步形成从作业布置，到作业定制、个性化的作业、分层的作业、实践性的作业等一个清晰的作业链。

（二）按课、周、月、学段制订体能增强计划，发挥体育运动最大效能

我们的作业改革里，增加了体育作业。体能增强是“双减”工作给学生最大的“福利”，但体育教师数量不足、运动场地有限等问题制约着很多学校。中关村三小遵循“热一点、冷一点、累一点、苦一点、黑一点、野一点”六个一点的原则，采取体育课、大课间、校园赛季三个关键点互相咬合、彼此渗透的方式，按照课、周、月、学段体系制订计划，有体能提升计划、家校合作互动周计划、三练一赛的月计划，技能进阶的学段计划，让体育运动最大限度地发挥效能。

（三）在课堂教学上，提供引导性标准，释放教师能动性

课堂教学质量的提升是“双减”工作的第二个核心变量。

实践中，我们发现一些问题：优质课与常态课的割裂，即优质课的优质要素在常态课中反映不足；教师的教与学生的差异发展往往没有得到有效的匹配；规范教案文本的撰写与良好学习场域的建立还有鸿沟。因此，学校也从多方面为教师提供支持，确保学生在校内学得会、学得足、学得好。

1. 教研提质，系统规划基础日常教研

在“双减”背景下，我们需要系统规划基础日常教研，即各个学科统一行动，各个学科统一要求。比如学校研制了优秀教研组引导性标准，除了定教研时间、地点和方式，还要定研究专题，而且要形成年级、学段的进阶型研究主题。通过关键课例的分享、关键节点的专题研究、基础日常的系统研究，让优质课研究的成果落实在常态教学实践当中去，这中间的媒介就是学科基础教研的质量。

2. 教师行为，建立专业且可信任的师生关系

教师行为直接影响学生的课堂学习状态。学校根据师生调研、部门研讨、教师自答、数据比对，形成了教师良好师生关系建构的自我导航自评量表，引导老师在有问题、能互动的课堂教学中主动建立一种包容、支持、开放的共同学习氛围。

同时，我们还建立起每个学科共同遵守的课堂标准——《中关村三小引导性课堂标准》，这个标准主要强调来自不同学科、不同年级的“共同贡献”，从而实现相生相长的合力效应。

三、用结构性的调整，促进资源流向“一线”

“双减”以来，我们和很多学校一样，不可避免地遇到了师资不够、场地不足、资源缺乏的问题。我们也在思考劳动教育、体育课质量如何提升，个性化辅导和差异化发展如何落实，教师的教研时间如何保障，会议怎么开，弹性上下班如何实施等一系列旧的挑战和新的问题，我们知道，只有建构一种好的课程结构和学校的治理结构，才能更好地缓解这些问题，这就需要运用除法思维去工作。

1.“真实的学习”——课程结构优化迭代的价值导向

“真实的学习”是我们一直倡导的教学价值观。我们一贯的主张是：学习不再是课上课下的两极生活，学生最好的老师是同伴，课程就是学校

教育可触及的师生的全部生活，评价是基于学生表现的多元评价等观念在“双减”背景下得到了更好的验证，也为“双减”工作的落实提供了课程理念上的支撑。

学校把三十学时的国家课程和两个小时的课后服务时段按照五育并举的要求整体架构，打通使用。有国家课程内的综合，更有学科协同课程和综合任务课程；有分科学习，也有跨学科、跨龄的学习，通过这样的形式形成一个多维的、可选择的课程体系。这样，可以为学生的多样化发展和核心素养提升提供更多的可选择的课程供给。

2.“班组群”——把班级变大

有什么样的课程改革，就要有相应的学校治理架构和管理运行的支持。

我们超越过去班级授课制的局限，把班级做大，就有了“班组群”的概念和教育组织形式。

在班组群里，跨龄、跨学科的三个连续不同的班级组合在一起，形成一个更大的班级群，七八个老师和三个班的学生组成一个“家”，我们成为师生家庭式的学习生活基地，“班主任+导师”的老师配置，让每个老师眼里有了更多的学生，让每个学生能得到老师更多的指导。班组群里异质性更强，资源互补更便捷，资源流动更顺畅，教师弹性上下班、给学生个性化辅导等都成为常态。这种多维度的更丰富的学习关系，为落实“双减”工作建立了多层次的结构性支撑。

3.“校中校”——把学校变小

在一个超大规模的学校，如何快速响应师生的需求是学校管理者始终要思考的一个关键性问题。

我们超越“年级组”的单一性，组成若干个“校中校”，即将三个年级并行组成若干个“学校中的小学校”，不仅有了可参照、可借鉴的校内榜样，又加大了“班组群”中用差异性增强资源的互补性的优势。

“校中校”是学校管理的中间层级，拥有师生日常教育教学的管理权；通过这样的赋权增能，让决策下移，更能快速响应师生的需求，走向共治共享的学校治理。

在校中校、班组群的组织结构背景下，学校教师资源也实现了不同层级的多次流动。比如，任教国家课程是教师资源的一次分配，老师的身份是某某学科教师，任教场景一般在班级中，而在班组群中，学生们跨龄重组、师生互选，一起承担学科协同课程和综合任务课程时，每个老师又都是导师，实现教师资源的二次分配；在课后服务时段，教师以课程设计师的身份设计响应学生兴趣发展需求。每一次教师资源的分配，都是为了更好地满足学生个性化发展需求，引导校内固有的教师资源能够在满足学生个性化发展中达到不断增值的目的。

4.“议题定制”—— 让管理下沉、再下沉

“双减”之下，教师大会、教研时间都显得更加珍贵。我们也由大规模的集体会议走向组织以校中校为主的分散型会议。让管理下沉、再下沉，达到增强共识、统一行动的目的。通过议题定制专题更突出，话题更聚焦，时间更紧凑，管理风格更加崇尚自上而下与自下而上相结合，管理者也走向田间地头，转变为陪伴者、发现者、学习者和共创者。这种议题定制的方式贴近教学需求，机动灵活，高效快捷。

总之，在班组群的教育组织架构和真实的学习大课程架构下，我们建立了一个关系多样、层次丰富、选择性强的课程供给和时空架构，为探索高质量的学校教育体系提供了结构性的支撑。

“普职分流”论坛

高中教育阶段“普职分流”是优化中等教育结构的客观要求，也是实现更高质量、更充分就业，实现经济高质量发展的迫切要求。如何重新认识职业教育？怎样消解“普职分流”带给家长的焦虑？怎样打破体制束缚，形成产学合作的新体制机制？如何提高职业教育的社会地位和吸引力？

召集人：杨东平（国家教育咨询委员会委员，21世纪教育研究院理事长，中国教育三十人论坛成员）

和　震

北京师范大学国家职业教育学院院长、教授

关于普职比的观察和思考

谢谢杨老师，谢谢中国教育三十人论坛。

各位专家老师，各位朋友，大家下午好，我分享的题目是《关于普职比的观察和思考》。

初中毕业后分流，高中阶段呈现职业高中、普通高中这样两种教育的类型，应该是世界上绝大多数国家的一个常态。除了个别国家是隐性的“普职分流”之外，大多数国家应该是和我国差不多的，是以显性的、不同学校的形态来进行的一种分流。隐性的职业分流是以综合高中的形式，即一所高中之内选择不同的课程来实现对一个学校之内不同学生的分流。而我国这种情况应该是国际上非常普遍的对教育结构的一种安排。

当前关于“普职分流”，社会上比较关注的可能是普职比的问题。普职比反映了一个国家和地区经济产业对人才类型结构的需求，这种需求反映在教育上，就是要教育的结构和类型与之相匹配、相适应。

从我们国家目前的情况来看，我们在初中后实现的“普职分流”经过改革开放四十多年的发展，大体上满足了经济领域对技术技能人才的需要这样一个整体的需求。我们知道产业对各类人才的需求有学术型、工程型、技术型、技能型四大类，这也是国际上公认的人才划分类型。这四类人才在数量的结构上基本呈现一个金字塔型：学术型人才数量最少，技能型、技术型人才数量最多，所以，这个金字塔型体现了人力资源结构数量的比例分布。当然，社会文明的进步使得中等收入群体不断扩大，中等收入群体的扩大带来的是在收入指标上呈现出一种中间大、两头小的分布，也就是说在从事技术技能职业工作的人才中应该有很大的比例能够进入到社会的中等收入阶层，只有这样才可能会出现中间大、两头小的纺锤状的收入结构体系。

从当前我们国家的角度来看，普职比存在着一些有争议的问题，对于这些问题有支持的声音，也有不赞成的声音，整体上来看反映了国家需要和家庭、个人需要之间存在一定的脱节。从国家的整体需要和长远安排来看，普职比“实现大体相当”是一个长期的追求和方向，但是具体到学生个人，我们应该说每一个家庭、每一个学生都有自愿选择自己升学路径的权利，这个权利是应该得到国家和社会保护的，也就是说每个人都可以自由地来选择自己接受教育的类型和层次。完全不受制约的这种教育选择权利和可能性是不存在的，除了教育投入成本和预期的判断，还有学生对自己兴趣能力倾向的自我认知偏差以及对职业教育的误解等，都会影响家庭、学生个人的教育选择，所以在一定程度上会出现一些教育选择非理性的现象。从宏观的角度加以引导和干预，在合理的条件下不应该视为有违教育公平的行为。从目前的职业教育发展来看，职业教育学校之间的差别是非常大的，好的职业学校非常受欢迎，招生分数超过普通高中，但是办学标准不达标、教学办学质量受社会诟病的中等职业学校也占到了相当大的比例。

因此，一方面，我们既要充分肯定职业教育对社会、经济的重大贡献，坚持发展职业教育，又要在普职比的政策设计方面坚决避免简单化的行政指令，把追求普职比的均衡发展与加强职业教育的规划保障、资源投入，提高办学质量、办学条件和水平等这些方面联系在一起，实现与普通教育同步发展，与普通教育大体相当，这样才能真正有效地引导家庭和社会多样化的教育需求。另一方面，我们也要认识到职业教育发展是一个长期的方向，发达国家普职比的平均值长期保持在大体相当的比例。联合国教科文组织就一直提倡职业教育应该和普通高等教育一起成为青年人成功成才的途径，即第一个成才道路是接受学术化的高等教育，第二个成才道路是走职业教育的成才道路，第三个成才道路是创业，通过创业教育使青年人走向成功。但是，我们的文化、教育观念中仍然长期存在鄙薄职业教育的情况。

在此我们列举几种观念。第一种，发展职业教育是否会阻碍创新？一部分人担心发展职业教育会阻碍创新。从学理上来说，职业教育强调理论与实践相结合，手脑并用，教学做合一，强调职业行动能力。它是从知识原理走向产品和服务这个链条中必不可缺的一个环节，它能满足人们多样化成才的需求。这一点体现在美国相关的研究中，研究发现在美国高中阶段学习了职业课程的学生，到了大学之后创新能力要显著优于高中阶段没有学过职业课程的学生，这是一个长期研究的结论。所以我们看到，一个接受了职业基础教育的人，不仅不会阻碍他的创新能力，反而会推动他各个方面创新能力的发展。清华大学有一个基础工业训练中心，主要是为清华大学不同专业的学生提供技术技能类课程，成为清华大学学术型创新人才能力素质结构的一个重要补充，这也是值得我们思考的一件事情。因此我们认为，大力发展职业教育，不会阻碍一个国家乃至一个人的创新能力。

第二种，发展大规模的职业教育是否会制约更多人向上发展？应该说，如果这个社会实现了提供多渠道、多种类的成才、成功机会，客观环境不存在阻碍人向上发展。影响一个人发展的原因主要应该归结于个人是否主动学习、是否终身学习和努力工作，那么在职业教育的轨道上应该也能不断地向上发展，成为在不同类型职业中的顶尖人才。比如，建立统一的国家资格框架体系，使每个人都有机会在自己的职业轨道上走到相应的顶点，一位厨师、一位数控机床加工工人也有可能发展到跟大学教授、医生等同样的职业高度从而获得相应的待遇。

第三种，新科技革命现代化发展会不会导致普职比下降？我们也从发达国家的角度来看，以德国为例，德国工业4.0需要的相应职业教育，并不是主张缩减职业学校的数量，以学历化提升的手段来回应新科技革命和现代化的趋势，而是通过改革创新实现职业教育转型，瞄准职业行动能力，培养学生完整行动的能力和数字化能力，以这种方式来适应科技的发展和工业4.0的需要。

下一步面临的问题就是如何实施好“普职分流”，以及“普职分流”的比例到底应该定多少为好。从我国目前情况来看，全国整体普职比的比例大概是保持在2：3，而且实现这样一个比例仍然需要付出努力，因此我们认为要做好“普职分流”还有很多工作值得做。

第一个建议是要加大力度提升中等职业教育的办学质量，加大中等职业教育经费的投入，使中等职业学校的基本办学标准能够达标，使中等职业学校的办学投入能够达到基本要求。

第二个建议是要加强中等职业学校学生的职业性综合素养的培养，筑牢学生精神方面的根基。在注重技术技能培养的同时，还要全面提升学生的综合素养，为培养高素质、复合型人才而努力。

第三个建议，在职业教育体系和相关的招生选拔制度的设计方面，要坚持职业化、职业性，而非普教化。比如职教高考，职教高考目前基本上是以“文化课+职业技能”作为现在职业教育人才选拔的两个重要依据，当然选择多样化的核心应该是职业性，因此应该要避免即将到来的大规模的职教高考变成以纸笔测试方式、书面作答的方式进行的职业教育人才选拔，应该是把学生在职业任务、职业能力中真操实做的技能作为学生升学选拔和竞赛的主要依据，这样才能够充分反映职业教育类型的特色、定位。

第四个建议是要想办法让中西部地区、落后地区的职业学校实现弯道超车。可能的路径就是要加强数字化、网络化对中西部地区职业教育的改造，通过数字化、网络化的产教融合、专创融合，促进中西部地区在不同的领域和轨道上快速崛起，成为我们国家共同富裕、均衡发展的一个重要支撑力量。

最后，如何才能呈现一个理想化的状态，使得“普职分流”不再成为家长的焦虑，不再成为大家按照分数被迫、被动选择的一个结果？我觉得可能需要以下几个条件：

第一，整个社会要由学历本位逐步向能力本位和贡献本位转变。

第二，人们的追求由主要追求在学校中的学历提升发展转变为追求既在学校中发展，也要在职业继续发展的轨道上不断地提升，通过工作本位的学习来向上发展，而不完全依赖学历提升来向上发展。

第三，在就业领域，大量的无资格就业逐步转向了各个职业都要强调职业准入资格。同时建立国家的职业资格框架，使每一个轨道上的人都能够心安理得、自强自信，在自己的轨道上能够向上发展，而不是换轨发展，不是非要通过换轨道才能够提升一个人的社会地位。总之，整体上要通过国家治理框架让每一个职业轨道上的人都有机会向上发展。在教育的内部是要促进中等教育以及高等教育的多样化，从现在比较单一的供给走向多样化的供给，为不同的学生提供多样化的选择和自由。

谢谢大家。

于东平

北京市教育学会职业技术教育研究会专家委员会主任

职业教育的文化自信

大家好！感谢论坛提供这个平台让我能够和各位交流。我交流的题目是《职业教育的文化自信》。期望通过思想与观念的碰撞，解析新一轮的结构性调整，更好地解决多年来的教育痼疾和教育内卷；评议高质量发展职业教育，更新观念，打破学历枷锁，正确认识职业教育的规律与特点。面对职普分流，解除家长焦虑，打破体制束缚，形成教育的新机制、新体制，提高职业教育的社会地位和吸引力等。

想要弄清当前的热门话题，需要关注以下四点：第一是我们要明确职业教育与普通教育的区别。第二是为什么上职业教育学校的学生是差生、问题学生，产生的背景是什么。第三是如何看待两大教育壁垒森严。这里我需要说明，目前关于职业教育的观点大部分都是在普教系统内部职业教育这个板块当中说的，我建议我们今后研究职业教育时要把教育部所属的职业院校和人社部所属的技工技师院校合并在一起，从大职业教育的观点来谈论职业教育。第四，所谓高端人才、低端人员的提法就是一种对人的歧视，是制造焦虑的根源。

一、社会的焦虑源于职业教育的导向不明确

职业教育具有自己独立的、不同于普通教育的规律与特点，研究职业教育必须站在职业教育的立场来研究评价，不能用普通教育，即应试教育的观点、立场、规律、管理办法来研究职业教育，而恰恰这是当前研究、指导职业教育的通病。

党的十八大、十九大以来，国家提出要大力发展职业教育，然而我们的教育主体还是应试教育，我们的教育主体宣传的仍是学历至上。我们的农村教育现在宣传的还是考出去才能脱离贫困、脱离大山，不谈发展职业教育，不谈如何建设家乡。学历歧视所造成的影响和焦虑恰恰传给了家长们。

《国家职业教育改革实施方案》（以下简称《方案》）中第一句话就讲了两种不同的教育类型，黄炎培先生和成思危先生都先后提过职业教育和普通教育如同“鸟之两翼，车之两轮，缺一不可”。成思危进一步解释，“我国教育这个大鸟如果一个翅膀即职业教育的翅膀是病态的，这个大鸟不能起飞，我们教育的战车一轮不行，一轨不行，那么我们的教育就不能腾飞”。这样的一个观点我们没有很好地宣传。所以，这个焦虑不是家长造成的，是我们应试教育造成的，是我们主流教育体系造成的。这是从宏观上来讲。

从微观上来讲，前一段时间海淀的家长群曾有这样的话，“两眼一睁，开始竞争”，“抢占学区房，赢在起跑线”，这是家长的忧虑。实际上，家长的忧虑源于我们的应试教育、学历歧视、学历唯一。而培训机构恰恰抓住了应试教育的弱点，对于残酷的竞争，他们还提出了“提升一分，干掉万人”的口号。我们的前辈先贤如黄炎培、晏阳初、陶行知反对的就是这种走偏了的应试教育、普通教育。

职业教育一直坚持的还是立德树人、五育并举，高举为党育人、为国

育才这样一个旗帜。三百六十行，行行出状元。你考清华，他考北大，我“烤”我的“面筋”，有这样的心态，家长还焦虑吗？我们的学生在中小学受到分数的排挤被贴上后进生、问题学生的标签。他们进入职业高中以后，我们却把他们当个宝，用职业道德、职业指导来温暖他们。职教生在我们国家的建设中发挥了重要的作用，这个作用，应试教育是做不到的。所以我说，我们职业教育的伟大就在于立德树人、为党育人、为国育才，这是我们应该大力宣传和鼓励的。《方案》中的第一句话用我们老职教工作者的话解释就是，职业教育和普通教育要平起平坐。我们应该敢说这句话，大声地说出这句话，这就是职业教育的文化自信、尊严。

职业教育和应试教育价值取向不同。普通教育是学历教育、精英教育、系统的学科教育，评价的标准是分数、升学率、论文、科技成果，始终具有顽固的竞争性、排他性、淘汰性，放弃了大多数培育中的孩子，让他们作为分母，来选拔那些绝对值很小的精英，这样一个导向就让我们家长焦虑。而职业教育是技能教育、生活教育、生存教育，是民生，而民生是我们在第二个百年当中最重要的问题，评价的标准是职业道德、实用技能与专业知识、就业率，面对民生，有教无类的职业教育才是真正的教育。

如果说要将职教生和大学生进行对决的话，职教生则要靠专业的知识、技能才行。普通教育是以课本、课堂教学为主的系统的学科体系教育，强调的是知识的系统性、连贯性和学术性，是关门办学，它的目的非常明确，就是高考，追求高考升学率。

我国近代职业教育的发祥地在福建马尾船政学堂，由洋务运动的代表人物创立，他们在创办职业教育学校的时候，首先想到的是职业教育不应和科举制度冲突。洋务运动的先驱们给清廷写了一个报告，提前声明不和科举制度发生冲突，只选举在科举考试中落榜的十五六岁的少年。我们的老一辈都能明白职业教育和普通教育的区别，我们今天怎么就绕不过弯儿来呢！

职业教育和普通教育的上升渠道也不同。职业教育的上升渠道就是职业院校的学业资格。我说的学业资格，包括普通教育所属的职业教育，也包括人社部的技工技师学校。他们的上升渠道除了学业资格之外，还包括技工、中高级技工，技师、中高级技师，工程师、中高级工程师等。过去我们的八级工是非常好的，可惜现在没有了。如果这些技术人员需要学历，具有技术职称的人员完全可以学习数理化，去参加普通高考。我们的职业教育不能被学历捆绑。职业教育发展的历史几起几落，其中的根本原因是学历歧视，我们普通教育以学历为主，用学历捆绑职业教育，所以造成了今天的问题。经过这次观点碰撞，相信对我们下一步落实国家新的百年目标和“十四五”规划能起到一定的作用。

关于年龄问题，很多专家认为这些孩子年龄小，建议高中毕业以后再分流。其实过去我们的孩子一般十二三岁就要离开家，十八岁左右就已经创立自己的事业了。欧洲国家的普职分流也是相当于我们初中后的阶段，这些国家的职业指导在中小学就已经开始了。由于我们过去过度强调学历，使得我们孩子的人生并没有做到该哪个阶段干哪个阶段的事情。我们原来三十而立，现在我们的孩子是三十而立吗？我们的孩子四十而立就不错了。

二、职业教育的尊严——文化自信

中国职业技术教育学会会长、教育部原副部长鲁昕分别在2019年、2021年两次讲到，要把我们中华民族的文化和职业教育的发展结合起来，提出把我们职业教育的起源推到两千年以前的“班墨文化”，进而又上推到五千年以前的人类文明启蒙时期，指出这是我们职业教育的根脉，之后又发表两次讲话解读职业教育的尊严——文化自信。这些东西都使我们真正认识到我们的职业教育是多么伟大。应试教育仅仅出现在一千三百年前，晚于我们的职业教育，所以职业教育工作者要充满信心。

我们职业教育的红色基因就是留法勤工俭学。最新研究显示，留法勤工俭学预备学校就是职业教育学校。北京长辛店一中校园内的“小红楼”和北大红楼齐名。在这里，毛主席、李大钊等创建了长辛店留法勤工俭学预备班，先后送出了一百余名留法勤工俭学学生。“小红楼”是我们北京市职业教育的德育基地。“小红楼”的展览中第一次以时间轴方式直观展现留法勤工俭学运动的重要事件，做得非常好，希望同志们有机会去参观。

田志磊

北京大学中国教育财政科学研究所副研究员

中职发展的国际经验和国内政策

谢谢杨老师，很高兴今天有这么一个机会跟各位交流普职分流的问题。

刚才几位前辈学者给出了一些清晰的判断、建议，很多都是有共识的，我也很认同。记得有一个著名的经济学家，他说有两位教授对他影响很深，与第一位交谈总能思路清晰，而与另一位交谈则让人糊涂。有可能我今天的分享会让大家糊涂一点，但或许糊涂之后会让大家对普职分流的问题有更深入的理解。

我的分享主要包括这几个方面的内容，一是我国中职教育发展的若干事实和基本框架，二是关于职业教育的几点分歧，三是发展主义视角下的普职分流。

简单回顾一下职业教育的历史。改革开放以来，职业教育发展经历了辉煌、滑坡与重塑三个阶段。1997年是个重大的转变，出现了滑坡，生源减少，学生与就业联动下降。2002—2005年召开了三次全国职业教育工作大会，各方凝聚共识，首次提出建立现代职业教育体系、增加投入、建立学生资助体系等内容，可以称之为现代职业教育体系建设的1.0阶段。

2019年，《国家职业教育改革实施方案》颁布，提出“1+X”证书、职业教育工作联席会议、学分银行、产教融合型企业认证等制度，一个更系统、更精细化的制度体系逐渐成形，可以称之为现代职业教育体系建设的2.0阶段。

造成20世纪90年代末职业教育的滑坡，除了国企改革工人下岗的原因外，还有一个直接的原因是职业教育未能跟上其他教育类别体系建设的步伐，社会地位相对下降，公共投入相对不足，教育质量相对下滑，逐渐沦为“劣质品”。

是不是全国都出现此类情况？可以说整体上是，但是在一些地方，比如珠三角、长三角等地不是这样，恰恰相反，那时候是它们的职业教育发展很好的时候，职业教育资源整合并与产业的互动增强。所以说，职业教育的发展具有很大的异质性。

理解职业教育发展的异质性，我们首先要理解现实中中职教育家庭需求的三种类型。首先是技术技能教育的需求。这在珠三角地区特别明显，亿万富翁的孩子也在读中职学校，有的好学校可以收到重点分数线以上的孩子。其次是升学教育的需求。这是一个很好的方向，但很难做到跟本地产业紧密联系，而且它是零和博弈，容易产生内卷。最后是看护教育的需求。在结束了义务教育阶段的学习后，有些孩子还需要通过学校教育来矫正行为，平稳度过青春期。

有哪几个主要因素决定着区域职业教育可以持续发展？居民的收入越高，对升学教育的需求就会越强，对技术技能教育的需求就会下降；区域产业发展得越好就越能为中职教育毕业生提供更适宜的岗位，就会对技术技能教育增加更多的需求。但是如果地方政府财政能力不够，公办中等职业学校一般无法以技能教育为主。这个时候就看能不能在制度上有些突破，比如混合所有制，“立交桥”的宽度会决定升学导向和就业导向的程度。在不同的省，“立交桥”的宽度差异非常大。这些因素决定了当前不同区域职业教育的形态是不一样的，而形态的不一样很大程度上会影响家庭对于职业教育的看法以及选择。

刚才我说得很大程度上是在中央深入介入职业教育发展之前的区域职业教育的发展情况下。在过去的一段时间里，随着现代职业教育体系的快速发展，中职教育在很短时间内发生了巨大的变化。

最新的情况是什么样的呢？根据2020年最新的数据，我们可以看到中职毕业生升学的比例已经达到了三分之二，东中西部都是如此。由于在校生升学意愿更强，有四分之三的学生打算升学，可能未来升学比例会继续增加。那我们已就业的三分之一的孩子，他们的就业情况是什么样的呢？我们来看本地的就业情况，只有20%到40%的学生留在本地就业，在这里，这个“本地”是地级市的概念。如果只看中西部省份，留在本省的可能都不会超过一半。毕业之后的平均收入是两千七百元，东部略高，中部略低一点，西部更低一点，这也符合我们的常识。不同专业的区别也很大。

孩子们现在选择中职学校的原因是什么？虽然我们中职学校是免费的，但现在孩子们选择中职学校并不是因为免费。如果说以前是为了学技术、学技能，找到工作有收入，那么，现在主要的原因是父母的要求和他们在中职中有好朋友。很多孩子并不是要在中职学校学一技之长。同伴的影响很重要，家长要求孩子继续读书也很重要。对未来怎样规划，很多时候他们也并不是那么清晰。

下面，我们讨论一下现在关于中职教育的几点分歧。

中职教育的质量究竟如何？现在中产阶级很焦虑，他们担心自己的孩子一旦被分流到中等职业学校里去，就会被贴上后进生的标签，他们认为那样孩子的未来就是灰暗的，或许只能去工厂进行重复性的劳动。此前有一篇报道，说学生进入中职学校后成绩会下降，所以中职学校不用办了，只办高中就行。我觉得从评价指标和样本代表性上看，这个结论有很大问题。但这篇文章能够广泛传播，我认为是触发了家长们的焦虑。

普职比要不要坚持？这个分歧非常大，很多学者认为应该坚持，还有很多学者认为不要坚持，应该放开，给家长更多的选择。应该如何去思考这个问题？刚才我们也谈了很多，我们应该给家长赋权，让孩子们自由选择，我们也应该考虑到现在的选择可能是一系列因素影响的结果。在20世纪八九十年代的时候，大家并没有歧视职业教育，那时候中专很吃香。其实，在底层逻辑上回答普职比的问题，我们需要了解特定产业、特定技术水平下的工作任务在“人一机”间的分配。在19世纪，许多主要的技术进步使得物质资本与原材料和低技能劳动力一起替代了高技能劳动力。例如，在枪支生产中，批量生产促使木条的价格下降并在枪支中广泛运用，从而使枪托生产不再需要熟练木匠的参与。随着电力取代蒸汽动力，生产从手工作坊转向工厂和流水线。这时生产可以分为两个部分：机械设备的安装和维护环节；生产和装配环节。后者主要是简单、重复的任务，故大量被机械和能源的组合替代，低技能体力劳动力的需求也相应大量减少。但是，在机械的安装和维护环节，由于机械的大规模使用，分析性的、非简单重复的任务增加，对机械安装工和维修工等高技能劳动力的需求也因此而增加。再比如说我们的平台经济，送外卖，以前是打个电话，餐厅就会派人送过来，平台经济出现后，它对这一行业的影响就比较复杂了，我们的骑手需要会使用这个软件，然后会有人专门从事程序开发，由程序来决定资源的配置。所以，技术进步在人与机器、不同岗位间的分配的影响是复杂的。甚至同一家汽车公司在德国和美国用的生产组织方式也不同，在德国他们更多地用到高技能的工人，而在美国更多地依靠设备，降低了对工人的技能要求。

当前世界上的高中阶段主要有综合性教育体系和分轨性教育体系。选择何种体系，其实和该国经济发展水平没有必然联系，但和该国产业结构及主要产业中的生产组织方式有较大关系。比如说英国、美国、新西兰等国家是综合性教育体系，德国、奥地利是分轨性教育体系。

我们先要思考中国当前主要的产业是什么样的，我们未来还会以哪些产业为主，我们要继续保持哪些产业的竞争力，再来思考我们教育的结构应该是什么样。不同的经济发达国家，中职教育份额与经济发展没有必然关系。但是有一点是共通的，随着经济的发展，在东亚中职教育在高中阶段的占比普遍下降，这是一个普遍规律，我称之为东亚模式的中职困境。下面，我简单地介绍一下我国台湾地区的经验。

我国台湾地区职业教育的发展情况跟这个也类似。20 世纪 70 年代，我国台湾地区加工贸易型工业迅速发展，技能人才需求增加。我国台湾地区根据经济发展的需求规划人力资源，将多数初中毕业生分流到职业教育体系，并且严格控制高等教育的招生人数。在 20 世纪 80 年代中后期，我国台湾地区高中生与职校生的人数比例为 1 ∶ 2。这是我国台湾地区经济发展的黄金期，也是职业教育的辉煌时期。后来我国台湾地区的职业教育同样出现了很多批评的声音，认为伴随高科技产业的兴起，中职所培育的人才已无法符合高科技产业的需求，技术人才应由高职（我国台湾地区称高等技职教育）培养。在 1998 年的教育改革方案中，拓宽升学渠道、促进职业教育的多元化和精致化成为两大方向。针对前者，改革方案增加了大学招生容量；而针对后者，则增设延后分流的综合高中，建立起职业教育的一贯体系和弹性学制。教改之后，普通高中和综合高中数量迅速增加，大学也大规模增加，中职学校和在校生的规模紧缩，中职教育升学导向、增强就业导向下降。

中职教育的剧烈变化也使得我国台湾地区对教改的质疑和反思日渐增

加。2003年，我国台湾地区一百多名大学教授联合发表《教改万言书》，对此前的教改展开了批评。主要批评如下：一是大量中职学生升学后，个人的就业期望值提高，不愿去基层工作，造成产业基层人力资源的严重不足；二是以分流为目的设立的综合高中，培养出的学生与普高、中职都存在差别，在升学竞争中处于劣势；三是大专院校改制升格的大学在失去职业教育"务实"特色的同时，培养出的人才与产业需求不匹配的问题仍未解决。

我们从我国台湾地区的历史数据资料来看。我们看到在20世纪90年代，它的职业高中的比例下降之后，它的升学比例从1996年的百分之十几突然升到1998年的一半以上。在此之后，它的经费也发生了变化，既然都升学了，没有产业的特点了，它的经费跟普通高中相比就相差不多了。而我国中职学生人均经费已经略低于普通高中了，这个趋势需要警惕。

关于普职分流，有一个有趣的争论。一位高职院长说，过早分流是对下一代的"犯罪"，更希望生源来自普通高中，因为他们的素质更好。而一位参与职业教育人才培养的企业老总则说，他希望分流早一点，他们在选用员工时会尽可能选用低学历的，因为稳定性更好。

对于中职教育的分歧，来源于现实快速的变化，来源于同一称谓下巨大的异质性，来源于立场的根本不同。但是，我们可能需要认真地思考东亚模式的中职困境。我们需要避免吗？如果需要，如何避免？

我想从发展主义视角谈一谈普职分流的问题。

我们可以简单地从两个角度思考普职分流。其一，老百姓要什么，我们就办什么，办老百姓满意的教育。其二，办与社会经济发展相适应的教育。这两者并不矛盾，短期老百姓满意了，如果长期跟社会经济发展不相适应，老百姓也不会满意。如果从始终让老百姓满意，从与社会经济发展相适应的角度出发，普职分流的调整可能很大程度上需要考虑我们国家主要产业适宜的生产组织方式，比如我们的人口结构如何，我们的教育擅长培养什么人才。同时，对普职分流的制度安排将来又会通过影响我国人力资本结构而影响未来产业的竞争力。

最后，我们不妨在多数同意原则和事业有利原则的二维框架下思考教育改革问题。事业有利原则和多数同意原则能够同时满足，这通常发生在改革早期，比如早年的农村义务教育保障机制，在农村税费改革后对当时的农村教育事业发展起到了很大的作用。还有很多改革是满足事业有利原则，但是不满足多数同意原则，比如，20世纪90年代的国企改革就出现过很多的反对声音，但是，如果没有当年的国企改革，如果没有对人力、技术、资金等资源的重新配置，后来我们市场经济的发展可能就没有那么顺畅。还有一些改革满足多数同意原则，但是不满足事业有利原则，比如我国台湾地区20世纪90年代的教改，在当时是经多数人同意的，但是现在我们回过头来再看，这项改革是与事业有利原则相违背的。普职分流的政策，或许我们可以更多地在这个框架下思考，究竟怎样是能够在事业有利和多数同意下兼顾的，当有一方不能兼顾的时候，我们应该更多地考虑哪一方面。

我的报告就到这里，谢谢。

邢　晖

国家教育行政学院学术委员会主任、职业教育研究中心主任

对职教与普教关系的思考

非常高兴和荣幸又一次参加中国教育三十人论坛，与大家一起畅谈当下最热门的教育话题“普职分流”。我今天的分享主要聚焦在职业教育和普通教育的关系上。

2021年4月12日召开了改革开放以来规格最高的第八次职业教育会议，由党中央、国务院共同组织召开。在会议期间，习近平总书记专门对职业教育做出重要指示。习近平总书记提到，职业教育在我们国家社会主义现代化征程中前途广阔、大有可为，提到要优化职业教育的类型定位，也提到了要稳步发展职业教育的本科。

2019年，国务院出台了改革开放以来的第五个针对职业教育的文件，即《国家职业教育改革实施方案》（以下简称《方案》）。《方案》的第一句话就开宗明义说职业教育与普通教育是不同类型，但具有同等重要的地位。从习近平总书记对职业教育的指示到《方案》，再到国家的“十四五”发展规划中强调的普职融通，这些都告诉我们，一是职业教育是教育，二是它与普通教育是不同的类型。

职业教育和普通教育应该是什么关系呢？普职要融通，这是从国家的政策上领悟到的。如果全方位、多方面地去了解职业教育和普通教育的关系，大概有这么五个问题：

第一个问题是职业教育和普通教育到底是一个什么关系？我个人认为有三种存在形式，一是职业教育和普通教育各自独立，它们是不搭界的两个圆，这是分离式。二是交叉和补充的关系。三是全部融合，职业教育普通化，普通教育职业化。

我们国家改革开放以后，职业高中的兴起是从普通高中脱胎而来，实现了初中后分流，在高中阶段以两种学校形态存在，一个是普通高中，一个是职业学校。职业学校有四种形式，职业高中、普通中专、成人中专和技工学校，如果从我刚才说到的那三种情况来说，基本上是一种分离式的模式。哪种形式最好呢？我们大家都可以去思考。现在政策上是说普职要融通，显然是应该改变原来职业教育独立、偏离于普通教育的状况，应该至少走向相互沟通、相互交叉、相互补充。

第二个问题是职业教育和普通教育的规模结构和比例问题。这个问题比较复杂，二十多年来，我们国家的政策导向都在提高中阶段普职比例大体相当。这个政策科学吗？有什么科学依据？我认为在当下，是一个合理的决策。为什么？因为在我们国家五千年传统文化的这样一个背景之下，重学轻工已经成为一个社会传统认知，大家优先选择普通教育。如果让老百姓自由地选择，有可能职业高中、中等职业学校就没有太多人上了。所以，作为阶段性导向的、指导性的、支持性的政策，我认为大体相当是对的。但现在我们的目标追求的是高质量的教育体系，老百姓已经从有学上到上好学了，所以应该考虑让老百姓选择优质的、好的教育，符合个人发展诉求的教育，所以，如果硬性地说比例大体相当也好，或者说几比几也好，都有失公平。从国家最近出台的关于推动现代职业教育高质量发展的意见来看，依然强调职业教育是重要的类型，职业教育要和普通教育相互沟通，但并没有明确的说法，说比例到底是什么样子的。

在这个规模和比例的问题上，我本人认为总归还是一个结构化的问题。从理论上判断，职业教育和普通教育必须均衡、协调、统筹地去发展。原来说大体相当，主要是指数量，也应该要考虑在质量、条件上，是不是大体相当呢？我认为在规模上应该因地制宜，不应该全国“一刀切”，把这个权力给到各地区，它们会根据当地经济社会发展的情况和老百姓的需求去考虑。

第三个问题是普职分流的形式是什么样的？从国际视角来看，职业教育和普通教育的分流或者说分化，主要有两种形式，第一种是学校分流，就像现在我们的学生在初中毕业之后，一个选择到了职业学校，一个选择到了普通学校，这叫作学校分流。第二种是课程分流，比如说在美国和日本的综合高中，学生同样都是进了高中，但是会进行课程上的分化，第一年大家都是学公共的基础课程，到了二、三年级，根据孩子职业的倾向选择可以考虑不同的课程。现在强调普职融通，也可以在学校的课程上考虑在职业学校增加基础文化课、通识性的课程，还可以考虑在普通高中增加职业技术类的课程。这是两种分流的形式。

第四个问题是普职分流的时段是怎样的？在国际上普职分流有不同的时段，有的国家在小学就开始第一个分流，比如说德国在五年级之后就开始分流，而我们国家选择在初中以后进行普职分流。在1993年《中国教育改革和发展纲要》里就明确地提出了我们国家职业发展的低重心原则——初中后分流。也有些国家是高中后分流。什么时段分流最好？我本人的一个观点，不应该全国“一刀切”，应该考虑各个地方的经济发展水平和教育发展水平，可以多种模式、多种分流时段。事实上改革开放四十多年来职业教育发展的重心已经发生了变化，比如说20世纪80年代至90年代，如今的21世纪，基本上中等职业教育是绝对的主体力量。现在看来，高职在蓬勃涌起，大专层次已经成为职业教育体系的重要支撑和逐渐成为的主体力量。所以，在这样一种情况下，有些地方不妨也可以考虑去探索高中内的分流，或者是高中后的分流。至于该怎么选择，我依然认为应该实事求是，因地制宜。

第五个问题是关于分流的机制。如果是初中阶段就是中考的考试招生机制改革的问题，到高中阶段就是高考制度改革的问题。我个人认为，这两个学段的考试招生制度在这四十多年来逐渐发生了变化。比如说20世纪80年代至90年代，80年代职业高中是很火的，很多家长选择让孩子上职业高中，他们认为这不是最优的选择，但也不是最差的选择。到了90年代中后期，高等教育的扩招，普通高中不断地扩张，中等职业学校处于萎缩状态。在招生考试的机制上，比如说在填报志愿的批次上，好学生会选择省重点高中或普通高中，后进生才会选择职业学校，所以到职业学校就读成了家长非常无奈、被迫的一种选择。我个人认为这样的考试招生机制不是我们理想中的一种选择性机制，而是一种淘汰和选拔机制。

随着高等教育普及率的提升，职业教育自身的吸引力也越来越强，中考制度、高考制度是不是也需要做一些大的改革？这次教育三十人论坛的题目是《中国教育大变革》，在普通教育和职业教育关系上就面临变革的问题。制度、体制、机制、考试招生机制，我认为这就是我们面临的重要问题。

上面我从五个方面对职业教育和普通教育的关系进行了分析。

针对职业教育和普通教育，我的基本观点是要统筹协调，甚至要均衡发展。既然普通教育和职业教育具有同等重要的地位，那么我们应该考虑进行机制、形式上的一系列改革，我提出几个建议：

一是对于职业教育政策的着力点更应该放在和普通教育同等重要的位置。有很多地区的调查表明，相当多的省份对职业教育的投入低于普通教育，显然还是把职业教育放在一个弱势、二流的位置，不够重视，不像中央政府号召的那样，要放在同等重要的位置。所以应加强对职业教育投资政策的倾斜力度，站在习近平总书记的高度去认识、去作为，职业教育大有可为，应该跟普通教育平起平坐。职教和普教没有高低之分，只有类型之别。

二是改变我们的招生考试制度。拿大家热议的高考制度来说，我个人认为，《方案》有一个非常好的改革倾向，就是有了“职教高考”的概念，这也是职业教育对我们国家坚持了四十多年的普通高考的一个重大变革，职教高考实际给我们多样化的高考注入了新的活力。比如说，“知识＋技能”考试中，职业技能的提升成为检验学生在知识结构和能力上一个非常重要的内容，这个考试的内容非常符合职业教育的特点，即为社会培养技能型、技术型、操作型和应用型的人才。所以，把这个引进高考的内容和机制的变革中，我个人认为有非常重要的意义。在这个方面，恐怕现在在制度上，我们还有很多缺失，还有很多问题需要研究，这是一个需要完善的过程。

三是要加强普职融通或者说普职沟通。也就是说，应该在普通的中小学增加职业技术教育的内容，当然加强劳动教育里面也涉及一些技术教育的内容，但不是一个替代的关系。从另外一个角度看，职业教育也应该加强普通教育的一些课程，特别是公共文化基础课，尤其是现在中等职业学校的定位由原来的以就业为导向改为现在的就业和升学并举，如果升学的话，就还要加强对学生的文化基础知识的教育。同时，职业教育也应该利用我们技术技能设施和各方面资源的优势来为中小学、幼儿园的职业启蒙、职业体验、职业信念等方面做出贡献。

四是如果做到普职同等重要，职业教育制度方面还应有一个上位的制度，这就是国家资历框架制度，这也是《方案》里的一大亮点和创新点。

国家资历框架制度也是试图较好地去解决职业教育的学历和普通教育学历之间的互通、互认、互换的关系，同时，也要解决职业教育中“1+X”的职业教育的学历证、国家职业资格证、职业技能等级证、职业培训证。反映我们职业技能水平的证书之间是不是也能够互通、互认、互换，这其中有一个重要的机制，就是学分领航机制，把学生在校的、非在校的、学龄段的、非学龄段的、全日制的、非全日制等有效的学习都能够累积成学分，达到一定的要求，能够互通、互认。能不能做到职业教育的学历和普通教育的学历同值等价，还是要看这个标准的设计是不是科学，但这件事难度非常之大。

以上就是我对职业教育和普通教育关系的几点认识，不妥的地方请大家批评指正。

马志娟

爱哲教育创办人
爱哲安民未来学校校长

普职分流大势下，出路在哪里？

很高兴有机会在中国教育三十人论坛上与大家交流。

我自己所在的爱哲安民未来学校，是位于北京市朝阳区的一所十二年一贯制民办学校，学生家庭背景比较多元，家长对于孩子未来的升学和发展也抱有比较开放的态度。无论是疫情、普职分流还是民办教育政策的变化，对我们家长的影响都是比较大的。

在这次年会的普职分流专场，专家们会从职业教育政策和行业发展角度进行研讨。我主要从家长角度出发，分享自己的观察和思考。下面的文字在直播内容基础上，做了扩充，我们力求把问题和观点表达得更加清晰和完整，为观望和焦虑的家庭提供一些参考。

首先，给大家吃一颗定心丸。到2021年为止，北京地区的普高录取率是非常高的，不同区的录取比例从70%到90%不等。普职五五分不是“一刀切”，有地区的差异，实施周期也有缓冲的过程。在九年义务教育阶段之后，有更大比例的学生将接受非传统普高的教育（或者说高中年龄段办学更加多元），这个大趋势影响的并非这两年的初中毕业生，而是更长远的家庭教育规划和选择。这个影响也并非全然是负面的。

哪个群体最受影响?

根据教育部的统计数据，相比2000年只有50%的初中毕业生会继续升学，2020年这个比例已经高达95%以上。普高从2000年的29%上升到2020年的57%，职业教育则从21%上升到39%。但这只是全国平均水平，城市本地户口家庭上普高的比例会显著高于农村，反过来说，中职学校的生源主要来自农村。农村孩子初中毕业后若不想去打工，中职是最有可能的选择。

也就是说，一比一的普职比，影响最大的群体是城市的初中毕业生。现在大城市的父母，大都是高考扩招后经历了上一所好大学，找到好工作，改变生活境遇的过程。尤其在北京这个地方，随处可见名校毕业的家长。他们有相当一部分被“内卷”，在艰难地适应消化“自己的孩子不如自己当年”的落差。普职1∶1分流，则意味着对于某些家庭来说，不仅名校指望不上，孩子可能连普通大学也上不了，就更感到焦虑。

普职分流对于不同地区和家庭的短期影响的确是不一样的，但这个问题是否仅是学生的中考成绩在中间层的那10%的家庭所关注的？我倒觉得职业教育的发展值得广大家长和教育工作者都来关注和建言。

普高和中职，有确定的更优解吗?

首先，这是一个关系到40%至50%初中毕业生的教育。他们是否度过安全和健康的青春期，是否获得体面生存的一技之长和社会支持？它关系到每年六百万左右青少年及其未来家庭的生存和生活。

其次，社会上将人分为三六九等的观念给人们带来的生存困境，让中职选择成为众矢之的，却忽略了吸收50%至60%初中毕业生的普高，并不意味着一个更优的解。打个比方，如果中考成绩能勉强上普高，那大概率是当地非常普通的高中。在全封闭式军事化管理的普高陪跑三年，孩子就会有好的出路吗？

这话听上去比较犀利、无情，但事实上，2020年1071万高考生中只有40%多的学生能考上本科，普高里成绩靠后的20%的学生连专科也上不了。而2019年，中职毕业生有接近一半继续升学。从这些数据看，成绩不好的孩子没有出路是一个伪命题。至少，这个与普职1∶1分流没有太大的关系。

对于一所学业成绩正态分布的初中，必然会有不同出口的毕业生。为了不掉入“中职陷阱”，而盲目进入“普高的坑”，最终也是前途未卜。我理解这些家庭的焦虑，更希望帮助家长看到政策发展的中长期变化，更理性地看待孩子的教育选择。

职业教育的机会在哪里？

在经济发达国家，不同层次的职业教育其实占到半壁江山。尤其是大家熟知的德国和日本，职业教育是主流和成熟的选择，与本国的产业和经济有很好的配套衔接机制。技术工人和服务行业从业人员较少受到歧视，也有机会获得较高的薪水。在这样具有充分社会保障和保底教育的国家里，职业教育是一种务实的、不是最优也是次优的策略选择。

中国尚未达到这些国家的发展水平，但一系列政策已经发出这样的信号：在重点投入个别高精尖和一流的大学之余，发展多层次的教育，已经是一个事关民生、经济发展和社会稳定的事情。2021年6月全国人大常委会会议审议的《中华人民共和国职业教育法（修订草案）》提出，“职业教育与普通教育具有同等重要地位”。家长们还是要看到职业教育的发展给自己的孩子创造的更多自主学习和发展的机会。

目前，中职到大专，再到职业本科的升学是打通的。最新颁布的《职业教育专业目录（2021年）》对中职、高职专科、本科层次的专业进行了调整。中职、高职专科、本科层次的职业教育专业目录完成一体化设计。未来还会有更多综合型大学接收“中职—高职”路径的学生，普高的高考生实质也有相当大一部分进入职业方向的专科和本科教育。

就目前数据看，学历和收入总体水平是正相关的，假如家长更关心的是孩子是否能上大学，那么随着更多职业教育发展配套政策出台，从中职上大学也未必不是一种“曲线救国”的方式。国务院学位委员会明确本科层次职业学校学士学位证书在效用方面与普通本科价值等同，在就业、考研、考公等方面具有同样的效力。

当下，也有教育同行提出实验普职融合的综合高中模式。美国实施的就是这种模式。美国发达的社区大学、经费充足且对本地居民大幅倾斜的州立大学、灵活的大学学制和转学升学制度，都使得高等教育体系拥有更多弹性来兼容和支持不同需求的学习者。

在中国，普职融合的综合高中是否可行，还有待其他配套政策的出台，这是一个深层次的办学和政策革新，需要对教育治理和评价做出调整。如果哪一天地方政府不再单纯以中考分数、高考排名评判这个地方的教育政绩时，多层次多元的大学教育才会得到充分供给。

政府在推进1∶1分流的同时也在逐步推进中职、高职的发展。我们已经看到政策一波波都指向基础教育的规范和均衡、高中阶段教育的分层和多元。前者，剑已出鞘，可见分晓；后者，仍如迷雾，但未来可期，值得家长们积极跟进，在千军万马过独木桥之余，策略性地运用政策资源，独辟蹊径，寻找更适合自己孩子的可持续发展路径。

未来的人才不拘一格

大家有可能听过豆瓣有个985废物小组。我们很多家长所有的努力就是为了孩子能上985，但是我们也要看到，一路“卷”上985的那些“别人家的孩子”可能面临的困境：阴郁、迷茫、感到生活无意义。毕业后觉得自己一无所成，三十岁的时候就想要躺平。

无论是上名校的5%，陪跑的45%，还是上职校的50%，都有自己的困境。从社会的角度来看，一所学校如果以名校升学率论教育成败，那么这是一个让95%的孩子都失败的教育体系。就人的终身发展而言，其底层能力、敏捷、坚韧、自我导航和转轨，才是在复杂且不确定的未来创造有意义的人生和更美好世界的核心。

未来的人才不拘一格，我们要培养的是“不存在”的人。行业刷新以及大量新兴职业等待着年轻人去挖掘和创造。对于每一个家庭来说，要把竞争性考试作为一种手段，而不是目的；与其足适履，不如从小帮助孩子发现自我，找到自己的天赋与热情，并支持他去持续探索，发展自己独特的路径，寻找更多的可能性。

当孩子小的时候，哪怕走几步路，叫一声爸爸妈妈，对着你笑，都会让我们狂喜。我们眼里的孩子是真实的人，我们感受到孩子的喜怒哀乐，对他抱有无限的期待。但上学后，进入集体或者竞争性学习环境后，孩子就容易被粗暴地标签化。家长们看孩子的心情主要取决于每天拿回来的作业完成情况和考试的分数。原先那个真实可爱、眼里有光的孩子不见了，他们在层层筛选中逐渐暗淡。

最后，想说几句与家长共勉的话：正因为孩子进入社会后面临的是一个更具竞争性的环境，家庭更需要提供一个滋养和安全的土壤，父母以积极进取的生活姿态以身作则，让每个独特的种子生根发芽，成为更好的自己。生活的真相就是充满意外和不确定，我们不可能给孩子创设完美的环境，但被充分爱和认可的孩子，更有可能在逆境中站稳脚跟，迎难而上。

家庭教育论坛

“双减”不仅对学校育人体系进行了进一步的科学定位和整体优化，也为家庭教育回归本源、缓解焦虑、发挥自身独特的教育功能指明了方向。“双减”政策下，家庭教育面临哪些转变？为了营造良好的教育生态，家庭教育如何与学校教育配合与衔接？

召集人：张志勇（国家教育考试指导委员会委员，北京师范大学中国教育政策研究院执行院长，中国教育三十人论坛成员）

王 欢

北京史家教育集团党委书记、校长

打开空间 赋能成长

尊敬的各位专家：

大家好！我向大家汇报的题目是《打开空间 赋能成长》，是以服务型成长协同育人创新实践为例子来进行汇报。这个问题的提出，源于在新的形势之下该如何加强家庭、学校、社会的协同发展，我们在追求协同育人、内生性成长、合作性发展的理想背景之下提出了一个“服务型成长”的理念，这个理念的提出是我们从为党育人、为国育才的初心和使命出发，对培养社会主义接班人和建设者的根本任务的一种具体思考。

在思考的过程中，我们立足于全心全意为人民服务的根本宗旨，以培养“能服务、会服务、爱服务”的新时代青少年为己任，将服务作为育人的关键要素和重要抓手，提出了“服务型成长”的理念，构建起了“服务型成长”的协同育人体系，打通了“家校社协同”的实践路径。通过课程体系、研究清单、设计思维、资源平台、行动共同体、评价体系、反思任务、经验回馈，以服务为桥梁连接起学本教育和社会学习，我们希望学生在服务他人、服务社会的过程中，能够得到自我的成长和团队的成长。

一、"服务型成长"的理念

第一点，形成"服务型成长"的理念。服务型成长，在我们家校共育的改革中，是将服务作为学生成长的目标、载体和路径。引导学生以服务他人、解决社会真实问题为成长目标，为了目标的持续实现，主动学习，积极开展社会服务，在服务中实现"全面、可持续成长"。服务型成长将服务与成长紧密联系在一起，以服务贯穿学生成长的全过程，使青少年在服务的土壤和环境中收获成长的力量。在服务型成长的过程中，我们做了三方面的努力：一是以服务唤醒成长，让学生获得成长的真动力；二是以服务历练成长，让学生获得成长的真经历；三是以服务反思成长，让学生获得成长的真感受。

二、"服务型成长"的价值

第二点，提炼"服务型成长"的价值。在整个实践过程中，我们认为实现了三个方面的价值。第一方面，服务型成长是对培养社会主义建设者和接班人根本任务的具化思想。全心全意为人民服务是中国共产党的根本宗旨，培养、造就社会主义合格的建设者和可靠的接班人，需从小就要在学生心中埋下服务的种子，将服务作为新时代青少年的基本品质、价值取向和关键能力。第二方面，服务型成长是对中华优秀传统文化精神的一种传承，服务型成长源于中华文化的价值导向，中华民族的文化中自古就有"修身齐家治国平天下""达则兼济天下"的精神境界以及追求，这是服务社会的文化土壤和根基。第三方面，服务型成长是推动国家发展和社会进步的动力。服务是文明社会发展的一种驱动力，更是一种崇高的人生志向，是个人实现社会价值的重要路径。"服务型成长"倡导学生从小学会服务，主动服务，热爱服务，引导青少年将个人的理想与祖国的命运紧紧联系在一起，将个人志向与民族振兴紧密地联系在一起。

因此，在这个过程中，我们在学校中明确了“服务型成长”的五大特征。

一是服务型成长是一种社会性成长。它鼓励学生走出校门，接触社会、了解国情，在真实的社会交往中形成与社会的连接，在服务中树立起对国家、民族、社会强大的责任感。

二是一种实践性成长。它鼓励学生在真实的生活中发现、研究、解决问题，在服务中实现知与行、学与用的统一。

三是一种创新性的成长。它鼓励学生主动发现生活中容易被忽视的问题，用富有时代新意的方法去探索需要解决但尚未解决的问题。

四是一种自动型的成长。学生是服务行动的倡导者、设计者和实施者，学生拥有充分的自主权，能在服务中学会自主决策、自我负责和自我实现。

五是一种合作型的成长。学生在服务的主题活动和项目中，充分调动了同伴、教师、家庭、社会的力量，形成开放的学习共同体，合理推进服务行动。

三、“服务型成长”的协同育人体系

第三点，构建“服务型成长”的协同育人体系。在服务型成长的引领之下，将服务作为学生的理想、信念、价值观。在小学阶段服务成为重要抓手，以学生自主发起的服务项目为纽带，遵循发现问题、研究问题、解决问题这样的一种逻辑主线，充分连接起家庭、学校和社会，构建起服务型成长的协同育人体系，搭建育人体系模型。该模型最大的特点就是形成了八大协同机制，确定了家庭、学校、社会在每一个环节承担的角色与实现的路径，打通家庭、学校、社会协同的实施路径，最大化地发挥三方的

优势，实现“共识、共知、共为、共思”的立体育人格局。

四、我们的实践

我们的服务型学习实际上已经历了三大阶段。目前这几年我们聚焦以服务型学习的协同育人机制来推进家庭、学校、社会协同育人的工作。在这个工作的推进过程中，我们重点在八大机制的构建中进行工作，在服务型成长理念以及服务型成长协同育人体系的引领之下，我们通过课程、机制、学习方式整体变革与创新，建立了一套“服务+课程”的模式，形成了一套服务项目的策划指导方法，构建了一套服务资源与行动的体系和一套多维评价、反思与经验总结的机制，实现“家校社”共识、共知、共为、共思。以服务为抓手，充分整合理想信念教育、社会主义核心价值观教育、中华优秀传统文化教育、生态文明教育、心理健康教育、劳动教育等相关内容，对学校教育进行有力的补充。

通过协同机制，通过一套课程、一套指导方案、一套资源方案和一套评价方案，我们形成了这样的育人体系。

我们的“服务+课程”不是做简单的加法，而是以三维坐标支撑起成长的无边界空间，唤醒、激发学生服务的热情。“服务+课程”有三类课程。第一类就是全学科渗透“服务+课程”的理念。第二类就是班队会课程重构，即抓住班队会的课程这一重要阵地，系统设计了主题服务活动。第三类就是服务主题工具的类型课程，通过社会调查、制订计划等常用的服务工具，为学生自主开展服务项目去赋能。

对于主题服务活动的设计，我们将班会课程、综合实践课程、研究性学习课程、社区服务课程等进行整合设计，总结学校传统特色活动，结合理想信念教育、社会主义核心价值观教育、中华传统文化教育等主题素材进行系统构建。

为了保证课程的实施，“服务+课程”已正式编入我们的课表，学校系统开发并出版了《我们在服务中快乐成长系列》，包括《学生手册》（共六册）和《教师指导手册》，形成了一套包括指导手册、课例、微课在内的完整课程，我们还在全集团范围内吸纳具有丰富经验的班主任和骨干教师，建立领袖型教师团队，配套形成跨学科联合备课展示机制，整合了大量的资源和素材。

我们形成了一套服务项目的策划指导方案，形成了社会问题发现与研究的路径共知。我们积极回应学生认知世界的路径问题，设计形成《学生服务项目策划指导手册》，合力带领学生跳出教材的世界，从学会发现开始，带动学生和同伴、教师、家长共同研究问题、解决问题。

自主发现真实的社会问题是学生正式开启服务行动的开端。为了鼓励学生积极发现身边的社会问题，学校建立起问题发布平台，通过问题发布、讨论、研究、共享机制的建立，把教师设置问题变为启发学生自主发现、讨论、研究、共享问题。我们逐步形成了生态环保、公共安全、健康科普、社会文明、文化传承、家庭生活、养老助老、青少年发展、特殊群体帮扶、扶贫济困十大类关乎国计民生的社会问题研究清单。

我们搭建了一套服务资源与行动支撑体系，实现家庭、学校、社会服务的实践共为，合力建立起“家校社”共同支撑的、帮助学生积极解决问题、改善社会生活与环境的资源与行动支持体系。

通过整合多方资源，我们建立了班级、校级、社会级三级支持的孵化体系，为学生提供开展服务实践的机会与平台。在三级支持的孵化体系之下，学生自主发起的服务项目达到八千余个，班级项目一千余个，校级项目二百余个，社会级项目七十余个。三十五名学生获得了由中国扶贫基金会颁发的“小小工艺嘉奖”。孩子们走进社区、公园、学校、医院、博物馆等社会场所开展活动。

我们建立了学校设计专家顾问联络机制。通过寻找专家，制订对接方案，明确联络方式，主动沟通、介绍，引导学生主动去获取专家的支持，学生的服务项目得到了科技人员、医生、记者等各行各业人员的任务支持。他们充分发挥专业特长，通过自身的影响力，再带动更多的人关注服务项目。我们看到了孩子们的进步，从刚开始的自己寻找问题、寻找专家，到后来的自己设计解决方案，实施解决方案展示。在这个过程中，孩子们不断成长，也强化了他们的社会责任感。

我们建立了一套多维评价、反思与经验总结的机制，实现“家校社”服务成长的共思。将学生、家庭、学校、社会共同纳入评价的主体，建立多维评价体系，设计形成《“服务型成长”多维评价手册》，在真实的社会中对学生进行科学评价，记录学生在服务中的真实成长过程，形成学生的成长档案。指导教师、家长、社会人员分别从教育教学经验、生活经验和专业经验出发，启发学生进行及时、持续的反思与追问，形成线性问题链、发散性问题网等具有特定内在逻辑关系的问题体系，引发学生形成迭代的思路，激发服务项目内在的生命力。

我们为学生搭建了三百六十度的宣传展示平台，鼓励学生通过调研报告、微视频、展示平台、舞台展示等多元形式共享服务成果，此外，学校还与社会、家庭等共同进行服务的复盘、总结，连续四年提炼了近七十万字的服务经验总结汇编，前三年的汇编材料已正式出版。

服务学习的经验总结最终是要搭建一座服务经验回归教学的桥梁，将“服务型成长”的育人理念渗透到学科教学中，以学习方式变革为突破点，将学生在服务中发现的真问题、收获的真实经验等迁移到学校教学中，在“发现—计划—行动—反思—分享”的学习过程中形成齿轮传动式的“服务+学习”模式，将学生的学科学习与服务社会有机结合起来，从而实现认知、情感、行动的有机统一。

五、我们的反思

一是服务学习为学生提供了一个更加广阔的成长平台与空间，有效提升了学生的文明素养、社会责任意识和实践本领。因为这种学习冲破了学校围墙，使得学校与家庭、社会产生更广泛的深度链接，打开了学生成长的边界，从小就在学生心中埋下服务社会的种子，主动构建起自身与他人、社会、国家、民族之间积极的价值关联，找到自己独特的价值和成长方向，收获成长的内驱力。

二是服务学习赋予老师一种新型的教育角色与教育工具，切实转变教师的育人观、德育观和课程观，从而改变老师的育人方式。让老师亲身感受到服务对于学生成长的重要性，主动转变角色，不止做知识的传承者，还成为学生成长道路上的支持者和陪伴者，成为学生锤炼品格、学习知识、创新思维、奉献祖国的引路人，重新思考教育的路径，不断更迭教育的方式。

三是服务学习为家长打通一个可参与教育的途径与方式，更新家庭教育观念，改善亲子关系，将家长从补习班、培训班的教育参与转向以身作则、言传身教式的教育参与，通过家长支持、陪伴参与、服务实践，引导家长升级自身的育儿观、成才观、成人观，由原来的功利化的一元结构转为多元结构，不再只关注学生的学业，还关注学生的品德发展和身心健康。

四是服务学习为社会带来一种社会力量和参与教育的新范式，推动教育与社会的双向推进。将社会从供给侧资源推向了育人主体的位置，使教育与社会之间的关系由单向供给转为双向促进。发挥教育服务社会的功能，通过学生对文化传承、生态环保、亲子关系、心理健康等社会痛点问题的研究与回应，积极促进社会问题的解决，唤醒全社会的文明自觉。在这个过程中，老师们倾注了大量的心血，孩子、家长也在积极参与中取得了可喜的成绩，因此在这条路上我们愿意继续努力，来提升学生成长的空间，通过改变学习方式和育人方式，为学生的成长赋能。

詹大年

昆明丑小鸭中学校长
全国爱心与教育研究会会长
中国教育学会教育策划学术委员

教育，是发展完整的人格

刚刚主持人介绍我，说我是问题孩子他爹。我现在继续介绍我自己。我的昆明丑小鸭中学已经办了十年半，我的办学宗旨是帮助那些在初中阶段时社会管不了、学校不好管、家长没法管的孩子。这些孩子大部分来自高学历、高收入家庭，大部分都是在名校上学，但是他们却不愿意上学，然后就被家长从全国各地送到丑小鸭中学。他们的家长多是高学历、高收入的人才，应该说他们的先天遗传是没有问题的，他们的家庭条件是没有问题的，他们的教育条件看似也是没有问题的，但是教育出了问题。我告诉大家的是一个简单的数据，前几年丑小鸭中学内被诊断为抑郁症的孩子达到百分之三十，这两年，这个比例越来越高，高的时候达到百分之六十以上。那么问题出在哪里呢？

这两个月我参加了一些全国知名企业家的聚会，他们也请我去讲学。最后大家在沙龙上都会提很多的问题，比如说“孩子到了高三，怎样顺利考上大学？”“孩子到了初中，怎样顺利考上高中？”“孩子跟爸爸、妈妈无法沟通，怎样顺利沟通？”等诸如此类的种种问题，这说明什么？很多的高学历、高收入的家庭，他们面临教育的困惑。这些困惑来自什么地方？

从上午开始我们谈的都是有关教育的变革。教育怎么变？我认为教育不管怎么变，它都是为了一个主题——满足人的发展需求。这个主题是不会变的。

从上午各位的发言中我注意到大家谈了一个问题，“教育不只是为了培养人才，更重要的是为了培养人”。我不知道大家有没有思考这个问题，我们目前的教育是按培养人才的模式去培养人。那么培养人才的模式跟培养人的模式的本质区别在什么地方？人才，是可以被淘汰的；人才，是可以被择优的。而人是不可以被淘汰的，也是不可以被择优的。人才，是在某一个方面具有专业才能的人。人，应该有幸福、完整的人格。希特勒肯定是人才，但是希特勒是一个人格缺失的人。人格缺失的人才是很可怕的。人格缺失的人才很可能是个魔鬼。

我们以培养人才的方式培养人，以培养精英的方式培养人才。所以孩子会出现人格的缺失。

讲到家庭教育，很多家长要问“孩子的成绩怎么提高啊”“亲子关系不好怎么改善啊”等问题，大家都希望得到简单的方法去解决这些问题。我说大家提的不是教育问题，而是关于成功的问题。

教育不是指向成功的，教育是指向成长的。

我们一些家长或老师谈到孩子的问题就是指孩子的学习不好。所谓的学习不好，事实上或许只是某一个学科学得不好，某一个学科学得不好，或许是考试成绩不好、分数不高。所以这样一来，把成长用成功代替，成功用学习代替，学习用学科代替，学科用考试代替，考试用分数代替。那么以这种方式评价人，就会造就人格的缺失。

现在，家庭教育的空间被学校的教学“霸占”了。上午张厅长就讲到了这个问题，事实上家庭教育越来越弱化，家庭功能越来越缺失。那么怎么办？我提三个方面的建议：

第一，为党育人，为国育才，首先要搞清楚“人”是什么，人的本质需求是什么，人的本来是什么，我们的教育对象是孩子，孩子是什么，孩子的本质是什么。

第二，培养人格完整的人。所谓的人格完整，就是他能建立各种关系，能建立与自己、与他人、与社会、与自然的关系。关系完整，人格才会完整。大家知道北大的学霸吴谢宇被判处了死刑，他是从中学保送到北大的。能被保送到北大，他应该是一个品学兼优的学生，他的家庭教育也应该是成功的。但因为他的人格是缺失的，所以造成了悲剧。

要想使孩子的人格完整，首先父母的人格要完整。父母是孩子的第一任老师。现在我们很多孩子的父母的人格就不完整。有的孩子在家里见到的只是董事长、是校长，而不是父母，这样孩子的人格是不完整的。

第三，家庭的功能一定要完整。所谓家庭完整的功能，包括生产功能、生育功能、生活功能、抚养功能、赡养功能、休闲功能、娱乐功能、发泄功能、保护功能等，然后是教育的功能。但是往往现在我们很多家庭已经不具备完整的功能。有的家长跟我说：“詹校长，我从年轻时开始奋斗到现在，就是为了给孩子最好的东西，但是孩子不领情。为什么？”因为孩子认为你给他的最好的东西恰恰是他所不需要的。所谓的功能完整，就是孩子生长、发育、人格塑造这一系列的过程中所需要的东西，家庭能提供他这些功能，这才叫作完整。朱老师上午讲了一句话，就是“教育如果不考虑个性是没有出路的”。

朱老师讲得最多的一句话是“过一种幸福、完整的教育生活”。教育是一种生活。我们现在的教育不是生活，而是一种目标。把教育变成了目标，就很可怕。有很多朋友经常问我，“詹校长，我的孩子不听话怎么办？”“詹校长，我的孩子成绩不好怎么办？”“詹校长，我的孩子不跟我沟通怎么办？”“詹校长，我的孩子玩手机怎么办？”问了那么多，他们希望我给方法。

各位，教学有“方法”，教育只有“做法”。上午，我认真地听了曹德旺先生跟朱老师的对话。曹先生凌晨四点起床，朱老师是五点起床，我也是五点起床。想让孩子也五点起床，有什么方法呀？没有方法，你起床就行了呀。所以父母身体力行，就是潜移默化的生活教育。生活的本身就是教育。这就是“做法”，而不是“方法”。

徐智明

家庭教育研究者
北京阅读季十大金牌阅读推广人

父母的责任：送一个有学习能力的孩子去上学

各位朋友下午好！非常感谢主办方的邀请。我叫徐智明，是两个孩子的父亲，也是一名家庭教育研究者。今天要跟大家分享的话题，来自这两个角色带给我的思考。

“双减”政策发布以来，有很多父母来问我：给孩子布置的作业少了，课外班也减少了，父母该做点什么才能让孩子不掉队呢？我回答他们：该做什么做什么。

那么，该做什么呢？我认为，父母最该做的，是为孩子赋能，送一个有学习能力的孩子去上学。从家庭教育的整体来看，父母的责任当然不止于此，但在和学校教育相关的范围内，这是父母最核心的责任，“双减”之前就是，“双减”后也仍然是。

相当长一段时间以来，很多父母对责任的认知缺乏，在这方面所做的努力是缺失的，但“双减”促使父母不得不重新理解和承担这个责任。

要做到“送一个有学习能力的孩子去上学”，父母可能需要面对三个小课题：

第一，重新认识关于孩子学习的底层逻辑。

第二，理解帮助孩子发展学习能力的责任为什么在父母。

第三，找到帮助孩子发展学习能力的路径。

先来说第一个小课题，重新认识关于孩子学习的底层逻辑。

我个人认为，孩子学习的底层逻辑是：学习能力决定学习成绩。

学习能力是一个学习者完成学习的行为和过程，并取得预期效果的必备能力。它是一种综合能力，其中最关键的是知识储备、信息处理能力、思考能力和解决问题的能力。

具备足够强的学习能力，孩子才能胜任学业，取得理想的成绩。学习能力很强的孩子，会更善于自主学习，不需要像很多妈妈互相调侃的那样“费妈”；学习能力匮乏的孩子，会陷入心有余而力不足的困境，要么成绩不佳，要么需要依赖父母在家中辅导或校外补习，才能勉强维持不掉队。

但我有一个发现，讨论孩子学习的时候，相当多父母很少提及学习能力，他们最关注的，除了上好学校、遇到好老师之外，就是孩子的学习习惯、学习态度，还有父母自己在管孩子学习上的投入程度。他们认为上了好学校，遇到好老师，孩子学习习惯好、学习态度端正，父母在学习上管得严、督促得紧，孩子的成绩就会好；如果这些条件都具备了，孩子的成绩依然不够理想，那就一定需要借助外力，也就是送孩子去上校外培训班。

这样的认知很容易让父母忽视最基础、最重要的工作，也就是帮助孩子发展学习能力，这样的认知也会让很多家庭走入过度依赖教育资源、过度依赖校外教培机构、过度向孩子施压的误区。

所以，作为一位家长，我在这里特别想提醒家长朋友们，我们需要重新认识关于孩子学习的底层逻辑，看到为孩子赋能的重大意义。

说到这里，第二个课题就会自己冒出来，我们很多父母并不能理解帮助孩子发展学习能力的责任为什么在父母不在学校，他们会认为，送孩子上学，不就是让他去学习的吗，不会学习，学校老师就应该教会他。

学习一定要等人教吗？学习能力是上学之后才开始发展的吗？当然不是。

学习是“导向持久性能力改变的过程”，孩子一出生，就会开始学习，学习吃奶、吃饭、爬行、走路、说话，还会通过各种各样的探索，让自己的好奇心得到满足，虽然有些探索行动让大人抓狂，但它们本质上都是学习。学校学习，只是一个人一生中所有学习活动的一个阶段、一个部分，远非全部。

从出生就开始的学习活动，既帮助孩子发展对这个世界的认知，也帮助孩子发展学习能力。学习能力发展得如何，与孩子这些学习实践活动的品质密切相关，如果孩子缺乏自己实践、自己探索的机会，他的活动经常被父母限制，或者被父母替代，他就很难发展出足够的学习能力；如果孩子生活内容贫乏，缺乏足够的资源来支持他的探索和实践，比如缺乏玩具、接触不到书籍、和父母的互动很少，那么学习能力也很难得到有效发展。

孩子的学习能力，是在上学前、在家庭中、在父母有意识的支持下发展起来的，而且，学习能力的发展是个缓慢、渐进的过程，不会因为上了幼儿园、上了小学，或者年级升高，就突然来一个飞跃。我们很难期待一个学龄前阶段学习能力发展不足的孩子，上学后马上就变得特别会学习，这一点，恐怕老师和学校也都无能为力。很多孩子的成绩差距，或者叫“学术落差”，实际上是从一上学就开始了。

所以，虽然孩子是六岁才去上学，课业学习活动主要是在学校进行，但父母对孩子学习能力的关注却需要从一出生就开始，而且学习能力的发展主要在家庭中完成。

这就是为什么我会说，父母的责任是送一个有学习能力的孩子去上学。

这对相当多的父母来说，并不是一件容易的事，一个原因是对学习和学习能力的认知局限，另一个原因是，以往若干年相当比例的父母都过于依赖学校和校外教培机构，自己只充当学校和机构的“助教”，负责陪着孩子写作业、督促孩子学习，对于自己在孩子学习上该做什么、能做什么，既缺少方法，又没有策略。

我这么说，并不是责难一部分在“双减”之下已经倍感恐慌的家长朋友，只是想提醒，在教育大变革的背景下，家庭教育的大变革已经迫在眉睫。我们需要重新定义自己在督促孩子学习方面所扮演的角色和所承担的责任，以便尽快找到可行且有效的方法，在家庭当中帮助孩子发展学习能力。

这就是我要谈的第三个问题，这个可行且有效的方法是什么呢？我个人认为，是培养孩子阅读，帮助孩子具备强大的阅读能力，进而具备强大的学习能力。

我主要做家庭教育研究，所以尤其关注在家庭中培养孩子的阅读能力这一点。我在《阅读手册》这本书中提出了一个观点，叫阅读能力决定学习能力。这个认知，来自我本人持续至今的学习实践，来自我在教育自己两个孩子过程中的实践，也来自我在学习理论、阅读理论方面的广泛学习。

为什么说阅读能力决定学习能力呢？我的发现是，学习能力中的几个关键因素，包括知识储备、信息处理能力、思考能力和解决问题的能力，都来自阅读活动和围绕阅读活动发生的学习过程，具备强大阅读能力的孩子，可以说拥有一个自动化的灌溉系统，这个系统会自然地充足浇灌每一棵秧苗，也就是他要面对的那些学习项目。

当然，并非所有的阅读都能帮助孩子发展学习能力，我个人认为真正有效的阅读，是全学科自主阅读，这也是我近几年一直致力于传播的观念和方法。

自主阅读，是让孩子自己读，我把它概括为四个特征：我读、我想读、我会读、我持续读。我读，是孩子本人亲自读；我想读，是孩子有强烈的阅读意愿；我会读，是说孩子需要通过自己的阅读实践，发展出属于自己的阅读能力；我持续读，是说孩子能成为一个终身阅读者，在上学前、在K12阶段、在大学、在走上工作岗位后，都能通过阅读进行有效的学习，成为终身学习者。

为什么要强调自主阅读，而不是其他方式的阅读呢？因为孩子是一个独立的学习者，是他自己的学习活动的主体，如果他的阅读活动总是被父母控制，或者被父母替代，他就很难通过有效的阅读发展出自己的阅读能力和学习能力。养育一个孩子，父母更关注他的成长和进步，而对于孩子这个独立的个体来说，真正的成长是由内在力量驱动的发展，而非父母目的明确的塑造。所以我坚持认为，孩子才是阅读活动的主体，自主阅读，才是真正有效的阅读。

自主阅读，说的是怎么读；全学科阅读，说的是读什么。我把全学科阅读的特征概括为三个：其一，全读物类型，孩子的读物中，既需要包括虚构类读物，也要包括非虚构类读物；其二，全文本符号，孩子的读物中，要包含图画、摄影图片、图形、表格、数字、文字等各种类型的文本符号；其三，全学科内容，孩子的读物，要覆盖广泛的内容领域，包含可归类到各个学科的信息。

对于全学科阅读，我有一个比喻，叫留接口。想象一下，如果装修房子时，你给全屋只留了一个插座，那么家里好几十件大小电器，能接到哪儿呢？

全学科阅读最根本的价值是既满足孩子目前认知和能力发展的需求，

也为未来的阅读和学习留下充足的接口，包括认知接口和能力接口。认知接口，是让他现在读到的东西，能和未来需要读到、学到的东西接得上；能力接口，是让他现在通过阅读发展出的能力，能继续发展，匹配未来阅读和学习所需要的能力。

目前，父母对培养孩子阅读的关注程度已经很高，但我发现，很多孩子的阅读，存在两个明显的误区，一是不能自主，二是过于偏重虚构类读物的阅读。这会造成一个很严重的后果，那就是很多孩子上学后，连课本和作业题都读不懂。这样的孩子，连基本的学校学习都无法胜任，何谈学习能力和学习成绩呢？这不是危言耸听，如果你和我一样，曾经和几千位父母当面或通过网络直接沟通过，就会发现，问题比想象严重得多，也可怕得多。

除了阅读能力决定学习能力，我把培养孩子做全学科自主阅读作为父母帮助孩子发展学习能力的途径，还有一个原因，那就是：它门槛极低，只要能知道孩子需要广泛接触各种类型的高品质读物、能负担孩子需要的图书的购置费用或者很低廉的借阅费用，能鼓励孩子自主阅读，绝大部分父母，都能通过这个途径帮助孩子发展出更强的学习能力。这是"双减"背景下，绝大部分父母能最快掌握的可行方法。

我的一位关注教育公益的朋友，曾经和我做过一次讨论，他说："你的很多观点我都非常认同，但是我有一个困惑，按照你的观点，父母似乎只要给孩子营造阅读环境，帮助孩子爱上阅读，就可以无为而治，静待花开了。如果这样的话，我觉得受教育程度比较高的父母通过努力是可以做到的，可是那些文化程度较低、生活条件较差的父母，让他们理解并实施你的观点，是不是会很难？所以越是认同你的观点，我越是担心，很多孩子真的会输在起跑线上。"

他的担心不无道理，曾经有传播学者提出一个"知沟假说"，说的就是类似的事。这个假说说的是，在现代信息社会，由于社会经济地位较高的人通常能比社会经济地位较低的人更快地获得信息、获得更大量的信息，因此，大众媒介传送的信息越多，这两者之间的知识鸿沟也就越有扩大的趋势。

但同样的问题，我们可以换个反方向来理解：如果传播的发展会导致信息社会中的阶层分化，我们是否可以帮助更多可能处于“知识鸿沟”较为劣势的一边的人认识到，善用适当的传播媒介，比如通过阅读，可以主动地填补可能出现的差距呢？所以我今天也很高兴有机会分享我的这个观点给更多的父母，那就是“全学科自主阅读是父母帮助孩子发展学习能力的途径”。

培养孩子的学习能力，让他更胜任学校学习，是父母的责任。为了履行这个责任，父母需要重新认识关于孩子学习的底层逻辑，也就是学习能力决定学习成绩，理解帮助孩子发展学习能力的责任为什么在父母而不在学校，然后找到帮助孩子发展学习能力的路径，我认为这个途径是全学科自主阅读，而且培养孩子做全学科自主阅读，对绝大部分父母来说，都能马上展开。

我的分享就到这里，谢谢大家。

张 进

《渡过》系列丛书作者
渡过平台创始人

缓解家庭焦虑，还孩子心理健康成长的空间

大家好，非常高兴有机会来做一个分享。我本人不是做教育的，讲不出教育理论，今天也不会得出什么结论，只是讲一讲我们的实践。如果大家听完我的讲述，对青少年抑郁、青少年抑郁和周边环境的关系有一个大体印象，我就完成任务了。

一

先说一说我对青少年抑郁的观察。我所创立的“渡过”，是目前中国比较有影响力的抑郁互助社区和解决方案平台，自2018年以来，我一直专注于青少年抑郁问题。根据我们三年来的实践经验判断，近年来，中国青少年抑郁数量将呈爆发性增长态势。

关于这方面的数据，去年中科院心理所出了一个蓝皮书，提到2020年青少年抑郁检出率为24.6%，小学阶段抑郁检出率约为10%，初中阶段抑郁检出率约为30%，高中阶段抑郁检出率近40%。这个数据和我们“渡过”的观察是相吻合的。我可以从侧面提供一些我们内部的数据：

2017年以来，“渡过”读者自发组成了一百五十多个社群，其中家长群就有五十多个，近两万家长每天在群里讨论孩子的抑郁问题；近三年来，超过三千个家庭参加过“渡过”组织的各种疗愈活动；2019年我们开始建立抑郁青少年社群，到现在已有十几个，聚集了两千多个孩子；2021年年初，“渡过”的孩子自己做了一个公号，叫“渡过青春号”，半年时间，粉丝就突破了一万人。我们发现青少年抑郁呈现不仅发病人数多，发病年龄也有所提前的特点。青少年社群刚起步的时候，来的孩子大多是十五岁以上的，后来越来越小，最小的七岁，为此，我们今年夏天专门组织过一次少年营。青少年抑郁和成年人不一样，他们大脑、心理都在发育中，抑郁和成长中的问题交错在一起，有的还并发焦虑、双相、冲动控制障碍、进食障碍、体象障碍、物质成瘾依赖等，这些是系统问题，处理起来比成年人更加复杂，需要寻找整体解决方案。

二

再分析一下青少年抑郁高发的成因。这方面的著作很多，我不想重复书本上的结论，只说一下我个人的观察，不一定全面。

一是病态的学业竞争。

除了大家熟知的学习时长、课程难度、考试、课外班等，我觉得更大的问题是攀比。孩子们不仅自己要学很多，还要比别人学得更多，这就叫“剧场效应”。为了看得更清楚，前排一个人站起来，后排的人跟着站起来，最后全场都站起来，搞得所有人都很累，最后结果都差不多。

二是病态的人际关系。

我发现，人际关系问题和青少年抑郁的关系越来越大。这包括家庭关系、同伴关系等。学校这一块，家校关系比以前紧张。当然这个问题很复杂，不能简单地怪谁，但不管怎么样，家校关系、师生关系不和谐，就可能影响孩子的心理健康。

再说同伴关系。现在学校里同学关系挺复杂，尤其很多女孩，造成她们抑郁的原因和闺蜜之间的矛盾有很大关联。令我印象很深的一件事：一个女孩告诉我，她和她的同学住在同一个小区，互相能看到对方窗户的灯光。后来她发现，这位同学晚上悄悄把自家的大灯关掉，假装睡觉，然后开小灯偷偷学。她知道后特别伤心，说这是她抑郁的导火索。现在孩子们的同伴关系在一定程度上被复杂的成人世界污染了。

三是孩子成长中的问题。

很多孩子不快乐，所以特别爱思考人生。这不奇怪，因为快乐的时候光顾快乐了，不快乐才促使人思考。社会很复杂，而孩子比较纯洁，很多社会现象给他们带来很大冲击。

我问过很多孩子，你们对学校最大的不满是什么？他们的回答是两个字：功利。我又问：你们对家长最大的不满是什么？他们的回答又是两个字：虚伪。家长听我这么说很伤心，他们认为我们最多表现出一点人情世故，怎么就变成虚伪了呢？这其实很正常，因为家长岁数大了，“如入鲍鱼之肆，久而不闻其臭”，不知不觉把虚伪的一面表现出来，孩子不能接受，就会难过、伤心，甚至怀疑人生，等等。

四是生活方式的问题。

主要的问题有：沉迷网络、作息紊乱、整天吃外卖、缺乏运动，等等。很多孩子告诉我，他们从早上七点进校门，傍晚五六点离校，整整一天和坐牢似的，不让乱说乱动，不让追逐打闹。你想，小孩天性是活泼的，你却不让他追逐打闹，这绝对是造成抑郁高发的重要因素之一。

以上是我的一些观察，组合到一起，我觉得都可以归结为焦虑。焦虑的本质是求而怕不得。任何人都追求幸福，但中国人和世界上其他国家的人相比，对实现幸福途径的理解比较狭窄。很多人其实并不是追求自己的幸福，而是追求比别人更幸福，这就带来了无穷无尽的焦虑。这不是一个家庭的问题，也不是个别学校的问题，而是全社会的问题。上面千条线，下面一根针，全社会的生存焦虑，一层层传递，最终集中到青少年身上，使得他们不幸成为整个社会转型及阶层变迁的痛苦的承担者。

我观察，现在这一代的小孩整体生命活力下降，像弗洛伊德说的力比多，即内驱力不足。一个孩子跟我说："这个世界已经不能再让我着迷。"我这么大岁数了，对很多新鲜事还很有兴趣，可是这个小孩却告诉我，他对这个世界已经不再着迷，觉得人生无意义。这是哀莫大于心死。

三

以上是我对青少年抑郁爆发性增长原因的分析。近三年来，我们试图解决这个问题。具体怎么做？我们最先做的叫"陪伴者计划"，这其实是我们"渡过"作为患者社区的自救措施。

治疗抑郁，可以看病吃药，可以做心理咨询，这两者最初都不是我们的长项。我们是抑郁症患者和家属互助平台，因为其中有众多的康复者，我就想，可以组织一批乐于助人的康复者给他们做培训，赋予他们知识和能力，让他们来帮助患者和家属，这就是"陪伴者计划"。

关于精神疾病疗愈，目前中国有两个系统：一个是医疗系统，另一个是心理咨询系统，我们就想用陪伴者来弥补当前社会功能的缺失，从而构建精神疾病疗愈第三系统——社会支持系统。

我们首先做家长这方面的工作。因为最先找我们的是家长，有一句话是"谁痛苦，谁改变"，小孩不上学，最痛苦的是家长。家长来了，我们先让家长缓解自己的焦虑。家长可以聚在一起哭，释放压力，不需要太多的引导，不需要太多的心理技术，只要获得安全感，互相感到是同类，家长就能够把自己内心多年的痛苦、压抑、委屈宣泄出来，焦虑就缓解了不少。

其次是提高认知。我们让家长认识到，孩子抑郁有诸多因素，不是偶然的，也不是短期突然抑郁的；要想孩子好起来，不能急，不能限时限刻，不能光想着用最快速度减少损失，一定要留出一个相对从容的时间和空间，整体解决问题，不然一定是欲速则不达，要走很多弯路。

再次，我们跟家长说，先别忙着给孩子治疗，先调整好自己，真诚面对自己和人生，不要觉得自己是在为孩子牺牲，这样才能给孩子树立榜样。父母死气沉沉、唉声叹气、悲观绝望，对孩子的打击是致命的，这才是孩子真正的焦虑来源。

最后，不要拼命想控制孩子，家长要给孩子自由选择的空间。不要动不动就评判，要允许、接纳、肯定。说实话，很多家长自己都不知道，他们控制孩子，原因是自己处于焦虑之中。我经常对家长说："你们要想办法解决自己的焦虑，不要通过控制、折腾孩子来缓解自己的焦虑。"很多家长觉得我这句话很刺耳，但仔细想想，就是这么回事。

四

刚才说的是家长，再说说孩子这一块我们是怎么做的。

第一步，先得让孩子愿意自救。

用什么办法能够让孩子放下手机，拉开窗帘，走出家门？这方面我们有很多尝试，比如，劝孩子看病、吃药、做心理咨询、做团体辅导，效果都不好，后来我们启动了"青少年劳动成长计划"，简单地说，就是把孩子组织起来，让他们一起干活、挣钱。为此，我们专门创办了"渡过青春号”，这个公号从写稿到编辑、排版、美编、音频、视频、直播等，全部由“渡过”的孩子自己完成。慢慢地孩子看到了自己的价值，开始打开自己，状态激活了，愿意自救和求助。这是第一步。

第二步，给孩子安全感。

抑郁的孩子安全感都很弱，把他们聚在一起，让他们能够表达，并互相看见。最早的时候，我们曾经给孩子们开“控诉大会”，当然这个名称不恰当，家长有意见，我们就改了。其实控诉不是目的，而是让他们敢于把自己内心多年积压的委屈宣泄出来，这就是疗愈。

第三步，让孩子做自己的主人。

问题和机遇都是同时存在的，我们要看见每个孩子，从他们存在的问题中发现隐藏的资源，以此来设计个性化疗愈方案。把每个孩子作为独立的人格主体，不是急着单向改变他们，而是让他们成为改变自己的主人；要全员参与制定规则，然后用行为主义的方式激励孩子遵守规则，学会自律，最终获得自由。

这个过程中，不能说教。要用各种方法，通过身体的体验和表达让孩子自己去悟到什么是对的、什么是错的、什么是对自己有好处的，从而自己选择该怎么做。

第四步，给孩子创造一个人际链接的能量场，让他们学会寻求团体支持。有冲突没关系，吵架、打架都没关系，因为冲突是相处的契机。在冲突中学会合作，在合作中拓展秩序。在这个过程中，让孩子学会调节自己的情绪，重构认知系统，甚至修复创伤。

五

以上这些，是我们三年来的探索。有很多挫折，也有很多故事。

安全问题是重中之重，这么多孩子聚在一起，有时候会出现很多意想不到的事。一次，我们在海边做活动，一个孩子唱歌抢话筒没抢到，一个人赌气朝海里走，没人留意，当海水水位到她的胸脯时，她害怕了，自己走了回来，我们知道后吓得要命。还有一次在山里，一个孩子想从山上跳下去，队友告诉他这样就把“渡过”害了，孩子想了想就下来了。还有一个孩子一时情绪失控吃了药，我们发现后赶紧送到医院去抢救，等等。很多这样的事，好在有惊无险。

此外，是陪伴伦理问题，我们也特别小心。陪伴者和医生、咨询师不一样，这个身份有自己独特的伦理，这方面我们正在探索，比如如何保持边界，如何恰当介入对方生活，等等。最起码的底线是不伤害。这方面，我们以自身能力为约束，以敬畏之心设边界，正慢慢规范起来。

总体上，我们做的上述工作，概括为“生态疗愈”。青少年抑郁非常复杂，光靠看病吃药、做心理咨询是不够的，需要创造一个生态环境，形成能量场，涵盖药物治疗、心理治疗和社会支持，在人为模拟现实中，让孩子自我疗愈和相互疗愈，最终找到自身价值，恢复生命活力。

这就是我们近年来做的事情，我们认为艰难而有意义。我们找到了方向，但远不能看到终点。我们会继续努力。

郑茹君

涂思美育内容研发总监

家庭教育里的“授之以渔”

非常荣幸受到中国教育三十人论坛的邀请。我发言的顺序是最后一个，听了前面嘉宾老师的分享，感觉这个顺序安排真是蛮合适。如果说前面的老师们都是用自己多年的实战经验写了一篇“大论文”的话，我这儿就特别像一个小小的个案分析，对于前面老师们讲到的内容，起到举例论证的作用。这场论坛我的爸爸妈妈也一直在线上观看，他们刚才还发消息给我，说这个论坛好像是给他俩开的一个表扬大会，我说确实是这样，为我的爸爸妈妈鼓掌，满分父母。

其实这一次论坛邀请我，是希望能有一个“90后”的视角来参与家庭教育的讨论，分享“90后”的成长经历当中家庭到底赋予了什么。我的经历挺传奇，应该来分享一下，我也借此机会能够思考那些总是被反复问到却从来没有认真回答过的灵魂拷问：你为什么学习那么好呢？你为什么有那么多时间追剧呢？你为什么不学会计改学艺术呀？你为什么从来不焦虑？所以，我的家庭究竟是怎样塑造了今天的我呢？

用“授之以渔”四个字概括，我觉得还算准确。与学校教育相比，家庭教育赋予我的最底层、最广泛实用且伴随终身的东西，是习惯。习惯的力量为什么可怕，是因为当一件事成为习惯，它就几乎不会耗费人的精力和意志力，凭着本能就可以做到别人要费很大劲才能做到的事，而多出来的精力可以去做更多的事。

具体是哪些习惯呢？

我小的时候痴迷图书《哈利·波特》，当时它还在一个持续更新出版中。我不知道其他父母如果面对一个上自习时把小说塞进桌斗偷看的女儿，他们会怎么做。我妈的做法是这样的，在出第四部之前，她有一天兴冲冲地回家跟我说，《哈利·波特》出新书了，说着从包里掏出书。我当然很开心，赶紧读起来，读了十几页就觉得不对劲。后来发现，这本书是盗版。我妈觉得对不起我，后来在第六部出版的时候，我们市的新华书店首发，当时我正在读高中，我妈就请假帮我去排队买书，终于买到了正版。

我还是个电视迷，基本上从小学开始家里电视机的控制权就牢牢掌握在我手里，我看什么爸妈跟着看什么。不论是读书还是看电视，我的父母似乎从没有任何干涉。为了准备这一次的发言，我特意去采访了他们，问了一个我们一直没有讨论过的问题："你们真的从来不担心我看电视看到什么不合适的东西吗？"他们说，好像还真的没有担心过，我看啥都支持。我又问："那你们为什么会这么信任我呢？"爸爸说："因为你都不白看呀。"

怎么叫不白看呢？从这些图书和电视节目里，我究竟学会了什么呢？我大概回忆了一下，看《鲁滨逊漂流记》，我学到了独自流落荒岛的求生技巧；看《福尔摩斯》我知道了如果一个人在自己的专业上足够厉害，不知道地球绕着太阳转也是可以原谅的；看老版的《三国演义》电视剧，我背会了《出师表》，而且能感丞相之所感，"临表涕零，不知所言"，等等。

这种在生活中随时学习知识的习惯一直延续至今，现在我跟朋友、同事们聊天时，还经常引用各种电视剧、电影中的情节，我还在公司发布了一个神奇的内部限定产品，叫作“看电视剧上北大”，分享了诸如“《大染坊》与中国早期资本主义的短暂春天”“《孝庄秘史》与满族八旗制度”等主题。不过，这些东西真的有用吗？还是仅供娱乐？我爸说，我上高二的时候，当时正在热播电视剧《东归英雄》，结果那一年高考的文科综合就有一道以这个为背景的大题。是不是看了电视剧就能答出题？当然不是。但由于看了这个剧，接触了相关的内容，我对它就有熟悉感，熟悉就会减少恐惧，带来兴趣。正是因为这样，所以我不管是看任何电视剧、读任何书，父母都支持。

此外，我小时候跟父母是共同学习的状态，我们经常会互相推荐图书和电视节目。虽然我父母的阅读能力远不如我，但是这丝毫没有影响家里学习的氛围。比如看《明朝那些事儿》的时候，每天饭桌上我都会跟父母讲最新的篇章。还有那个时候特别火的节目《百家讲坛》，最早是父母推荐给我的，每天中午吃完饭我们会一起看，还会点评哪个老师讲得更好。在这样的过程中，我们形成了一种相互信任，又共同学习和进步的家庭关系。这时候我爸又来一句名言：“家庭是共进退的团队”。这一点也延续至今，包括最近我的工作会做很多艺术和博物馆主题的直播，爸妈每次都会看我的直播，看了几期之后还开视频复盘会，提出很多细致而专业的意见，包括今天论坛的发言，在准备的过程中我也得到了他们的大力支持。

这时又产生了另一个疑问，这种家庭里的信任是怎么产生的？我妈说，想要真正了解孩子到底在做什么，其实很容易，可以让孩子自己讲出来。比如，放学了家长可以问孩子今天在学校做了什么；不知道孩子在看什么书的时候，可以让他自己把书里的内容讲给父母。如果父母觉得书挺好的，可以和孩子一起看。我又问，那这种信任有什么先后关系？我妈说，首先，得有一个前提，父母非常了解自己的孩子，相信他不会出问题，天然就信任孩子，孩子就不容易出问题。父母应对孩子先有了信任，如果孩子感受到自己被信任，就会越做越好，形成一个正向的循环。

这确实让我深受启发。我想到很多时候人们对孩子都是以一种“有罪推定”的态度在评判，你不听话，所以我要严厉地对待你。但其实我们不应该让一个孩子去自证清白，证明自己是个“好孩子”，才能获得喜爱。这个逻辑是不对的。

所以，大家看，这样的经历让我养成了一个随时随地都可以自主汲取知识的习惯。我用了“汲取”这个词，而不是学习，因为我觉得学习会让大家有天然的压力。而这种自主汲取的能力，其实就是学习能力，任何外部的东西都可以为我所用，在这样一个终身学习的时代，这就是很有用的武功。不过作为一个孩子，想要养成这样的习惯，是需要家长的信任作为基础的，才能获得汲取的自由和自信。

另一个习惯，和时间有关。大家觉得“迟到”这件事情会“遗传”吗？“遗传”这个词可能用得不太准确，就是会互相影响从而养成习惯。大家肯定见过这样的朋友，不论什么约会，一定会晚到十几分钟，也不会太长时间，但永远不可能准时到。我一度非常不理解这种情况，因为我的父母总会提前十分钟到。我妈对时间的控制精准到什么程度？我上初中时学校就在我家楼下，放学步行五分钟到家，我妈站在厨房阳台上就能听到下课铃。所以我妈会固定在听到铃声看到有学生放学出来的时候就开始切菜，这样等我进门饭菜正好出锅，误差不超过五分钟。这时候可能有个问题，如果放学回来晚了呢？放心，我不会，我会在晚自习结束前两分钟开始收拾书包，确保铃声一响我是冲出学校大门的前五名学生。

所以，你看，以分钟为单位进行时间管理，也已经成为我的习惯。守时，是实现精准自我管理最基础的要求，而一旦守时成为习惯，会被大家贴上一个“靠谱”的标签，同时又能真正获得支配时间的自由。

最后一个习惯涉及选择。说到我童年经历的一个特别之处，爸妈常常会举一个例子，说我一到考试前几天，总是要请假，然后直接去考试。为什么？是因为考试前几天往往是疯狂机械复习的时间，在学校只会让反复默写古诗文，实在没什么新的知识可以学，所以我总是说不想上学，然后他们就会帮我跟班主任请假。最夸张的一次是中考二模之前，我爸说要带我去旅游，我想反正一模成绩挺好的，那就走吧，于是旅游一周。因为这些请假对成绩并没有什么影响，我的班主任也都欣然同意了。

这似乎是一个演练，告诉我只要能对自己的行为负责，偶尔出格一点儿也没有关系，前提是自己要承担这个结果。

不过在这种选择中，胆子更大的似乎是我的父母。我觉得应该没有多少人会真的听凭一个十几岁的少年自行决定人生大事。然而回想一下，我的求学和求职之路，又似乎完全是我自己决定的。

升初中时，我不想去全市最好的初中，只想去离家近的学校，我爸妈觉得这个学校也不差，就这样吧。结果是我初中三年稳定地保持了年级第一的位置。当第一的感觉太好了，让我充分建立了自信。升高中时，省里的重点中学来地方招人，我拿到录取通知书后觉得实在无法放弃每天吃我妈做的饭，于是还是留在了市里。我劝服家里的理由是我打算学文科，省里的学校都是搞奥赛的，我去了也没什么用。他们觉得有道理。结果也很不错，我以市文科状元、全省第二的成绩考进了北大。

当然，故事如果一直这么顺利，那肯定是一部烂剧。上大学选专业的时候我在完全不知道北大光华管理学院是教什么的情况下，抱着一种考这么高分不能亏本的心态，报了这个录取分数最高的专业，结果发现自己在这个领域毫无天赋，没有点亮和任何技能点。然而这毕竟是我自己的选择，爸妈并没有逼我，所以自己走进去的坑，跪着也得自己爬出来。怨天尤人的心态就不会存在了。我横冲直撞地寻找自救的方法，跑到艺术学院修双学位，去美国读艺术管理硕士，毕业后又一门心思想做博物馆教育这样一个冷门的行业，千方百计找到了现在的公司——涂思美育，在一个创业团队中摸爬滚打了五年。我收获了很多朋友，他们不仅是我的同事，而且是我志同道合的伙伴。每一步回想起来，都是惊险万分，没有任何人可以给你答案，只能勇往直前。在这样一连串的选择、为选择承担责任的过程中，我成长为一个成年人。

在这个过程中，我的父母扮演了什么角色？我认为我的父母既给了我选择的空间，又让我自己承担选择的后果，做对了他们就鼓掌喝彩，做错了我需要自己想办法改正。我始终知道，在最差的情况下，父母也不会抱怨我。我永远能够获得父母的理解。这是最重要的底气。

最后，回到我一开始的主题，家庭教育给到我最珍贵的东西，就是受益终身的习惯，这是“授之以渔”。好的习惯当然不止我今天提到的这些，它们的体现方式也千差万别。但拥有这些好习惯就像拥有了人生的基本功、童子功，像内力一样，可以滋养人的一生，让我们能够终身学习和探索，成为一个靠谱的人、负责人的人、心态良好的人、拥有自由灵魂的人。作为孩子，能获得这样的滋养，是像张无忌一样幸运的。作为家长，能给予孩子这些基本功，也可以比肩张三丰这样的一代宗师了。希望每一个孩子都能有这样的幸运。

元宇宙教育论坛

现在，人类进入“生活就是学习，学习就是生活”的历史阶段，学习变成了终身的内容。元宇宙为这样的学习提供了最大的空间和最好的技术支持。如何重构21世纪人类未来的教育体系？如何让学生成为教育的参与者？如何成为元宇宙的原住民？

召集人：石岚（咖菲科技创始人，中国教育三十人论坛执行秘书长）

乔卫兵

中译出版社社长、总编辑

元宇宙与教育的新机遇

著名经济学家朱嘉明教授提出，元宇宙运用的最大潜在领域正是教育。

与传统的以教材、教师、教室为基础和中心的教学模式不同，元宇宙将带来“全时空学习”的新模式。

首先，当前元宇宙的运用极大地丰富了教育场景，增强了学生的感官体验。

其次，元宇宙还能增加教育的社交性，元宇宙的模式可以让学生和教师随时通过虚拟化身，以一个独立的数字身份进入元宇宙中的校园，为师生更加轻松、自信、踊跃地参与学习和其他校园活动提供动力，也为教育行业注入了新的活力。联合国教科文组织总干事解读联合国教科文组织教育的未来报告时强调，使用人工智能等新技术能够给教育带来真正的机会。

再次，元宇宙将为受教育者的个性化学习提供便利。元宇宙教育具备人工智能、5G等新型数字化科技手段，教育提供者可将学生各个阶段、各个场景的学习数据进行整合，针对学生的特点定制内容自适应的个性化学习方案。在元宇宙中，受教育者能够随时随地进行自主、有互动性的学习，体验个性化的学习。另外，在元宇宙中，参与者可以通过自己设计的虚拟角色创造内容，其身份也将得到个性化定义。学生可以是创造者，也可以是被动参与者，还可以二者兼具，数千年来的师生边界可能因此而改变，教育的生态也将发生深刻而持久的变化。

最后，元宇宙为教育行业赋能，促进教育向高效率发展。在降低教育成本、扩大教育覆盖面、提高知识传输效率方面，元宇宙也将发挥优势。其一，虚拟现实、数字孪生等技术可以模拟昂贵的教学设备，将其百分百还原，辅助教师进行教学，大大节约教育成本。虚拟现实技术在医学领域、人体解剖课和手术模拟的应用就是一个很好的例子。其二，教育工作者创建的内容可以被发布到多个元宇宙，各类多功能教育平台可以摆脱地理位置和物理空间的束缚，以极高的速度扩大覆盖面，连接来自不同校园、城市甚至国家的教育工作者，使教育参与者获得同等优质的学习机会。其三，随着脑机接口、虚拟现实技术和实施3D引擎的开发逐渐完善，教育将不再局限于语言的传递，课堂参与者可以通过元宇宙技术置身任意时空，在不发生资源损耗且无危险的情况下，通过感官自主接触无限的知识和信息。

总的来说，元宇宙与教育的融合将在教学效率方面带来全方位的突破。当然，对于教育行业而言，元宇宙能够打开新的生产力、释放创造力，但同时面临一些挑战。当学生进入元宇宙成为塑造者的时候，应该如何建设和维持一个健康的元宇宙教育生态？在产生庞大的并发计算量的情况下，也对教育工作者的数据处理能力提出了极高的要求。另外，元宇宙教育也需要与现实世界中心化接口对接来搭建学习，和其他事物构成元宇宙价值体系，这些问题也一样值得思考，需要被解决。

2019年，联合国教科文组织发起的面向2050年的教育的未来全球倡议，呼吁我们建立一种新的社会契约，具体包括八个方面，一是教育体系的新三大支柱，即同理心、创造力和批判性思维；二是创新思考；三是终身学习；四是科学精神；五是女性教育； 六是应对数字化转型所需要的知识和技能；七是生态环境教育；八是共同行动与集体努力。元宇宙时代的加速到来将为我们践行新的社会契约提供了空前的历史机遇，为我们构建一种着眼于未来的教育、健康的教育、公平的教育以及共享的教育创造了新的可能。

我们都知道新冠肺炎疫情加速了社会的数字化转型，人类与信息数据的关系发生着深刻的变化，这种变化也需要得到每一位教育工作者的正视。在这样的背景下，元宇宙将为教育带来真正可能的机遇。基于元宇宙问题的重要性与先锋性，中译出版社已经出版了《元宇宙》《元宇宙通证》《元宇宙大投资》，还将陆续出版一系列关于元宇宙主题的图书，比如《元宇宙教育》《产业元宇宙》；同时，我们还积极引进国外关于元宇宙主题的图书，比如说《元宇宙新经济》《解码元宇宙》《给孩子讲元宇宙》等，希望进一步深化人们对元宇宙的认识和探讨，为共享教育的未来提供助力。

值此中国教育三十人论坛召开第八届年会之际，借用这个平台召开元宇宙教育分论坛，我们十分荣幸，也十分高兴，我们再次感谢各位专家学者对中译出版社的关注和大力支持，也诚邀各位专家一如既往地支持中译出版社，与我们共同合作，为读者、为社会奉献更多的精品图书，进一步提高出版社的品牌美誉度与社会影响力。

最后，预祝我们这次论坛取得圆满成功！谢谢大家！

石　岚

咖菲科技创始人
中国教育三十人论坛执行秘书长

元宇宙与创作者经济

我是中国教育三十人论坛执行秘书长，也是咖菲科技创始人兼CEO，专注在元宇宙营销和创作者经济这个领域。我将跟大家分享的主题是“元宇宙与创作者经济”。

元宇宙是属于创作者的时代。大家可能都听说过这样一句话，“在互联网的时代，流量最重要，区块链时代是属于开发者的，而元宇宙时代，则属于创作者”。我们来探讨一下这句话背后究竟意味着什么，尤其是对我们的创作者和服务于创作者的平台性公司来说，意味着什么。咖菲科技作为一家行业的先行者，助力于创作者经济这个领域，希望和大家一起进行探讨。

网红的兴起让内容的创作者不断涌入，在中国市场中我们可以看到，从九年前微信公众号的创立开始，每一个内容的创作者都找到了自己的战场，尤其是对于我们这些有写作能力的创作者而言。在美国其实也是这样。内容创作者的出现，本质上是劳动力市场的一种进化。可以看到整个劳动力市场已经经历了三波变化。第一波劳动力属于蓝领经济，主要是指为外卖、打车和其他的一些共享经济提供服务的人群。第二波劳动力属于能力经济、工程师经济。第三波劳动力属于知识经济，今后更多会发展为信息和知识的服务商。从第一波劳动力到第三波劳动力有了质的变化，雇佣的频次越来越低，对人的创造力要求越来越高。如果问，每一个人从出生到现在，人区别于动物最重要的一个差异在哪里，我个人觉得在于好奇心和创造力。

每一个人向外去探索就是去探索外在的世界，乃至探索我们的宇宙星球，向内去探索就是探索我们的内在世界，基于对自身和世界的好奇心。在了解自身和世界的过程中，也在不断创造。一代代人的创造力，一代代人长期的好奇心，形成了我们的文化。

在创作者经济非常繁荣的Web2.0时代，我们看到了在中国、美国等世界很多国家，有很多平台既服务于创作者，又借助于创作者的创造力达到非常大的信息聚集和财富回报。比如，这两年推出的微信视频号、抖音、快手等。整个Web2.0的时代，平台服务于创作者，也从创作者身上获益良多，但是Web2.0的创作者平台陷入新的困境，在这个领域中，平台掌握所有的流量，马太效应非常明显，流量聚集在最头部的网红身上，而内容往往要服务于算法、流量。最后平台通过广告赚钱，在这个过程中所有的创作者越来越内卷，数据、隐私泄漏等各种各样的问题也是层出不穷。

所以，随着时代的变化，我们对数据隐私越来越重视，一个新的时代即将崛起，我们看到在Web3.0的时代，创作者经济要打破平台的算法。在过去或者现在也是这样的，很多平台是算法导向的，最典型的就是今日头条、抖音，算法之后才是内容，内容的部分再是创作者，创作者排在最后。而新的产业架构是要把这种链路打破，把创作者放到整个价值链的最前面。我们看到在内容创作的机构中可以分成四个细分的领域，分别是商业变现类、流量平台类、经营管理类、创建工具类（游戏、照片、直播、工具），流量导向的平台，非常熟悉的中心化的平台，比如微信的公众号、抖音、快手等，这些平台收集和分发流量，获得的投资当然也是最多的，当然，去中心化的平台也有。现在看到整个去中心化的平台特别是以区块链技术驱动去中心化的平台获得了越来越多的融资，做商业变现类的变现手段包括会员课程、粉丝互动、品牌广告以及做线下商业化的变现，基于创作者自己的IP。最后一类就是为创作者服务的一站式经营型机构，这个领域也经历了很多商业模式的变化。第一个阶段的商业模式也是现在最广泛的模式，是由广告商买单，类似抖音和头条。第二个阶段是直播带货，我们最近看到新闻说抖音也出了抖音盒子，是专门做电商销售的公司。当然，在淘宝和小红书以及其他的一些视频网站、视频平台上带货、转化、销售都是直接变现的渠道。第三个阶段，创作者本身就能赚钱，直接变现，平台也从注意力变现变成了和用户建立更深层次的关系来收费。用户和创作者之间就产生了长期的链接和长期的价值。我们的观众朋友们在这个领域不管是作为内容的创作者，还是作为创业者都应关注这里面的商业模式，这些趋势都是非常值得大家注意的。技术的迭代更新一定会引起创作形式的变化，如果我们回顾历史，最早我们的创作者其实就是写文章、写文字、和文字打交道的人。那个时候，记者、媒体掌握了话语权，到后来随着视频网站、很多创作工具的推出，大大降低了内容生产的难度，任何人都可以用手机快速地生成一段短视频，分享自己的观点。所以，在短视频平台崛起的时候，我们看到有大量的短视频创作内容的出现。

接下来的时代，所谓元宇宙时代，其实是一个全新的技术变更和技术更迭的时代，多种技术变化、共同融合在一起，达到了一个技术变革的基点。比如说，虚拟现实等扩展现实的技术可以带给人类更多沉浸式的体验观感；区块链技术的变更使得价值互联网的形成基石得以实现；人工智能、高计算能力、超级计算这些算力的增长，大数据、边缘计算等各种各样技术融合在一起，共同形成了元宇宙技术的浪潮。

这个技术的迭代更新会给创作形式带来什么样的变化？元宇宙给创作者经济带来什么变化？我们下面分享的话题就聚焦在这里。

我在开场的时候已经说到元宇宙时代属于创作者，我也特地举例说明了从Web1.0到Web2.0，从区块链1.0到元宇宙时代，从“流量为王”到“开发者为中心”，再到“创作者为核心”。2021年和接下来的两三年，中国的文化、科技以及整个消费的场景会有怎样的变化趋势？数字文化消费在向深度沉浸式体验演进，新基建助力沉浸式媒体带来新的发展红利，当前线上线下的文化消费在融合，视频化的线上消费内容成为主流，以VR、AR为代表的文化，虚拟世界的融合共生，给人们带来新的体验，成为升级的方向。最近一些科技巨头公司纷纷在这个领域布局，比如字节跳动、Facebook。沉浸式的媒体并非新兴事物，5G、AI、云计算、数据中心这些数据新基建的发展，为沉浸式媒体提供了强大的基础设施。5G网络的普及和云计算将推动终端设备的轻量化，而基于深度学习算法的AI技术可以提升数据采集和处理的效率。

整个疫情期间，消费者和企业端对于沉浸式体验的认知提升，也给沉浸式媒体的应用普及带来新的发展红利。2020年，AR、VR全球支出规模同比增长44%，中国市场支出达到六十六亿美元，占全球超过一半的市场份额。我们在数字文化消费由部分沉浸体验到现场体验进化的过程中，带来什么样的机会？非常重要的赛道就是虚拟偶像或者数字人的赛道，所以很多创作者在内容创作的过程中，怎么能够用这些新兴的技术来提供更多的创造力表现形式，也很考验创作者的能力。

我们也看到有非常多的艺术媒体人员，还有原来在动画、影视行业的从业人员，现在也在纷纷学习一些编程知识，希望借助编程和科技的力量，运用这些新兴的技术手段，创造更符合未来时代消费者所喜爱的内容。

另外，非常重要的一个趋势就是，科技助力文化成为价值要素，这是非常重要的概念。以前经常说文化搭台经济唱戏，文化是作为一种背景存在的，而现在文化就成为价值要素本身，文化和科技作为推动文化产业高质量发展的二元动力，影响的范围已经远远超过文化产业的范畴，数字技术将助力文化资源成为价值要素，推动文化要素和实体经济的融合发展。文化资源转化成文化要素，转化成跟实体经济相融合的产业链条，就是创作者来实现自己经济价值非常重要的一个经济背景。文化要素非常典型的一个形态是文化IP，我们都知道中国的文化博大精深，也非常多元，包括以非物质文化遗产为主要形式的传统文化资源和具有文化价值的实物资源等。

在数字经济时代，数字技术对文化资源的IP化成为常态，通过将文化资源进行数据化提取和原创性改编这样的数字化开发，就能形成IP化的文化要素，从而推动文化资源的创新性发展和创造性转化。所以，我们现在很多的品牌商、大型科技公司等，都在利用这些文化要素形成新的经济增长亮点。创作者在这中间将发挥重大的作用，因为这些文化要素都需要经过创作者的演绎和发挥，才能转化成价值要素。这种IP化的文化要素有很重要的特点，通过众创进行二次开发形成新的IP，更新迭代的速度越来越快，能够打破地域的限制，尤其是在数字藏品领域，区块链作为价值互联网基础的技术支撑下，可以快速形成全球化的数字资产的流动。

我以非物质文化遗产的数字化为例进行说明。国家非常重视对中华优秀传统文化的传承，也非常重视对非物质文化遗产的保护和传承。数字化会有效解决非物质文化遗产传承中代代衰减的问题，非物质文化遗产传承人也是我们非常重要的创作者，我们期待数字的科技和各种技术能够助力非物质文化遗产传承人成为新时代受大家欢迎的创作者。

下面我来讲一讲元宇宙为创作者带来哪些新的机会。首先，元宇宙原本来自科幻小说中的一个名词，现在越来越成为我们科技、文化、经济产业发展重要的场景聚合点。在这个过程中，推动元宇宙在亚洲发展的关键因素有很多。比如说人口的优势，到2025年，数字原生的Z时代会占到亚太地区人口的25%，加上千禧一代将超过亚太地区消费者的一半。移动优先、数字支付、社交电商、视频消费，这些都是推动元宇宙在亚洲得到首先发展的一些非常重要的因素。而基于对元宇宙的这些基本共识，所有的用户在这个世界中和其他的用户共享虚拟的场景，在这个虚拟的世界和现实世界融合的场景中有真实的存在感，是非常重要的。其次，没有硬件限制，虽然我们刚才讲了AR、VR产业的发展，但是元宇宙并不依赖于戴一个头衔，以及用户生成的内容，元宇宙是实时存在、永不停息的平行现实，有非常丰富的经济活动，用户能够在虚拟世界之间无缝跳转，并且将个人物品从一个世界带到另一个世界，这些元宇宙的基本共识也将推动创作者在元宇宙的时代发挥更大的创造力。

换句话说，其实在元宇宙这个时代，金钱、算力、土地及其他的资产要素的限制都不是限制，其实最大的限制在于创造力能够发挥多少，而在这个过程中创作者能够发挥多少创造力，来创造多少内容。

咖菲科技是中国领先的数字藏品开发团队，我们致力于元宇宙营销和创作者经济，我们的愿景就是创作数字世界的精神家园，我们为艺术家、创作者、设计师、非物质文化遗产传承人等提供艺术家创作和经纪代理。我们有一个人机对抗、AI生成的技术平台，可以帮助创作者来生成和人工智能共同进行创作，也跟国内所有的这些平台、市场有着无缝的对接，所以，创作者生产出来的内容也可以在这上面进行发行、发售。另外一个领域是和品牌企业合作，共同进行在元宇宙时代面向Z时代消费者的营销。而这些品牌企业非常需要内容的创作者，所以，我们也为创作者构建了和企业合作的机会。

咖菲科技有强大的创意生产能力和非常广阔的创作者网络，我们已经和全球数百万艺术家、插画师、设计师、非物质文化遗产传承人等创作者签订了合作的关系，形成AI生成能力，创意工作室服务于所有的创作者，同时和清华大学、中央美术学院、同济大学、北京大学等院校密切合作，共同培养数字艺术人才。

我们提供非常完整的NFT区块链产品技术方案。无论是用户的界面，还是Web3.0的钱包插件和钱包App，都提供完整用户的解决方案，我们也有独家连接Web2.0、Web3.0的技术方案。盲盒、定价、拍卖等各种各样的玩法都可以支持，艺术创作表达的机制也都丰富多彩，所以，可以最大范围地提供各种工具来赋能我们的创作者。从内容表达来说，生成艺术、拼贴艺术、视频、三维建模，以及其他辅助的人机对抗生成、基于地理位置信息的元宇宙、人工智能分析等都可以。

Web3.0的形式支持多种底层区块链技术，并且可以进行独立智能合约的开发、分布式存储、提供随机性技术方面的支持。我们和国内主要的合规区块链密切合作，不管是头部的联盟链企业，还是树图区块链、BSN区块链联盟，都是非常密切的合作伙伴，也覆盖国内主要合规的数字产品的市场和发行渠道。所有的创作者，特别是艺术设计创意、音乐、文化领域的创作者生产出来的这些内容现在加上了区块链的技术容器去转化成NFT数字产品、数字资产，这些数字产品可以直接在市场上进行发行和销售，极大地增加了创作者为自己变现的机会。

从企业专业的发行站点，到垂直的数字产品市场、电商平台、文交所和拍卖行等所有主流合规的渠道和市场我们都是全覆盖的，并且使用法币支付，完全满足监管的需求。数字领域的创作者也都愿意和我们合作。

在品牌合作方面，去年十月份我们和麦当劳合作了全球第二例、中国餐饮行业第一例的NFT首发，我们和拥有百年品牌历史的奥利奥合作。在科技平台方面，我们和支付宝合作了大唐小侍女的付款码皮肤，合作者来自由牛津大学、伦敦艺术学院以及海外的设计师共同创建的青年创作者平台，给创作者搭建了和科技平台合作的机会。

再举一个例子，我们和大唐博物馆合作的中国博物馆数字藏品，一共展出三十幅作品，我们向全球征集插画师，全球的设计师都可以通过创作者平台服务于有千年历史的博物馆藏品，这是非常激动人心的。

最后，我代表咖菲科技欢迎观看直播的所有创作者和品牌企业来关注咖菲科技公众号，并与我们联系。我们期待能够和大家共同开启元宇宙时代创作者经济新平台，让创作者成为价值链的最前端。我的分享就到这里。

余　晨

易宝支付总裁及联合创始人
江苏银行独立董事

元宇宙与未来

今天非常高兴有机会在这里与大家进行探讨，我一直做电子支付，我的主要工作其实是在金融科技领域。谈到电子支付，很多朋友肯定对支付宝、微信等面向消费者的支付服务比较了解，而我们做得更多的是后台，为企业提供解决方案，所以，我们第一批的客户实际上都是游戏和数字内容的平台。之前我们在物理世界中做支付帮大家收钱，希望未来也可以在元宇宙中继续做支付帮大家收钱。

当然，这些年来，我一直特别关注互联网的发展，最近有幸参与了国内第一套关于元宇宙的著作——《元宇宙通证》的编写。并且我之前有幸参加了由中央电视台拍摄的一部大型纪录片《互联网时代》，采访了马斯克、扎克伯格等行业领袖。今天下午希望和大家继续探讨元宇宙给我们带来的机遇，元宇宙未来的方向，特别是元宇宙在教育行业领域有可能的影响。

我今天没有准备PPT，我和大家探讨的方式是问答，探讨一下我所关注的和元宇宙有关的一些问题。当然，谈到元宇宙我知道之前很多嘉宾已经做了介绍，大家问的第一个问题就是什么是元宇宙，关于元宇宙不同的人有不同的定义，有的人觉得是世外桃源，有的人觉得是海市蜃楼，也有的人觉得是割韭菜。我认为元宇宙代表下一代的互联网，有三个最重要的特征需要强调：

第一，它跟之前的互联网、游戏最大的区别是给我们带来了一种非常强烈的沉浸感和参与感，之前看到的游戏或者交互都是2D的，现在都是3D的，以前你玩一个游戏进行一个交互都是第三人称的视角，现在可以通过第一人称的视角。

第二，元宇宙强调要有一个数字身份，或者数字化身。这和以前我们上网的时候用的账户有本质的区别，在未来可能每个人的数字身份比在物理世界的真实身份还要重要。

第三，元宇宙最大的特征也是最吸引人的地方，就是给我们带来了一个开放、自由创造的平台。也就是说，元宇宙本身是一个经济体，以前的游戏都是付了钱去玩，但是今天元宇宙的游戏是可以在里边创造，甚至可以在里边挣钱，可以在元宇宙里去买一块虚拟的土地在上面进行虚拟的房地产开发，可以把你的房子卖出去、租出去，在里面开店，产生经济效益。这是以前传统的互联网没有办法带给我们的机会。

我想强调一点，大家在这个阶段，其实没有必要去纠结什么是元宇宙，非要给它下一个严格的定义。我举一个例子，在二十年前你问大家什么是互联网，那时候关于互联网是有标准的技术定义的。不过虽然有标准定义，但是大家对这个定义没有什么感觉，大家想到的互联网还是它的外延，比如，电子邮件、搜索引擎、门户网站等东西。我们知道今天互联网的外延已经被大大扩大，我们所有的衣食住行、生活服务都离不开互联网，出门打车、找餐厅、订酒店等所有的事情都要用到互联网。而且，互联网和我们所有的智能设备连在一起，比如，我们手上戴的智能手表、家里的净化器等都是和互联网连接，所以，我们会发现互联网的外延和定义是一直在变的。

我举个更早技术的例子，一百多年前，电刚刚开始普及的时候，人们不管电叫电，而管电叫电灯光，那时候，电只有一个应用，就是用来“点”电灯泡，用户会把电和电灯光联系在一起，他们想不到一百年后电可以是通用的应用，用来“点亮”家里的各种电器，比如电视机、冰箱、洗衣机，甚至是路上行驶的汽车。所以，今天处于元宇宙的萌芽状态，我们可能看到一些游戏的应用，但是实际上，未来元宇宙带给我们的想象空间是无穷的。

可能大家关心的第二个问题就是，元宇宙是不是泡沫。很多人都在说人们在“炒作”元宇宙，但是我想讲历史上所有革命性的技术其实都伴随着炒作。互联网本身也是一样。大家还记得2000年第一次的互联网泡沫吗？很多公司几个月之内市值的90%以上都蒸发了。我经常给大家看一个曲线图，就是互联网用户的数量从20世纪90年代到2020年呈增长曲线，2000年整个互联网资本市场崩盘的时候，用户数的增长并没有减弱，互联网本身作为一种技术慢慢被社会、市场、大众所接受。

历史上几百年前的郁金香泡沫，那个时候泡沫的背后是资本主义金融制度和刚刚确立的股份制公司制度，新的技术和新的范式出现的时候，人们把对未来的想象和贪婪都集中爆发出来，所以一定会产生泡沫。但是泡沫本身并不见得是坏事，关键是泡沫之后有什么东西可以沉淀下来。我们知道任何一个技术的发展都会通过所谓的Gartner曲线，从刚开始上升到达顶峰和高潮，泡沫破灭，到下行期，到恢复期，再到最后的技术成熟，实际要经过一个周期。

关于元宇宙大家关心的第三个问题就是，很多人会认为元宇宙是一个虚无缥缈的东西，但是我想讲的是，如果我们看人类历史发展大的规律，就会发现其实我们的历史发展一直是在由实入虚的。GDP中第三产业和数字经济所占的比例越来越大，用思想家史蒂芬·平克的话说，这是历史发展的“去物质化”，非物质的生活、非物质的生产在我们人类的活动中占的比例越来越大。今天所有人所从事的工作中，有一些工作可能在一百年前是不存在的。今天参加这个论坛的大多数朋友你们想一想，我们工作生产的是不是都是精神性产品，是理念和思想的产品。从这个意义上来讲，虚构本来就是人类文明底层的冲动，历史学家罗伯特·贝拉讲过，人是一种不能百分之百生活在现实中的动物，人总是要通过各种各样的活动去超越现实，不管你是做白日梦还是通过艺术创造，不管是宗教，还是元宇宙，其实大家都是为了超越现实的世界，这本身并不是一件坏事。

当然，接下来的一个问题就是元宇宙对于我们人类未来的意义在什么地方。我认为有两方面，一是对个人，二是对整个社会或者说市场。从个人的角度来讲，我们都知道马斯洛需求层次理论，人的需求像一个金字塔一样，有低层次的需求，也有高层次的需求，先要满足温饱，吃饱饭喝足水，保证生存不受威胁，有足够的安全感，才会追求更高阶的需求，包括被社会认可、社交的需求、人生自我价值实现的需求等。我们知道未来有可能的一个现象是，马斯洛需求层次理论的第一层级的需求，比如温饱的需求都是在物理世界里面完成的，但是我们的高层次的需求，比如社交需求、自我价值实现的需求等，都是在元宇宙里面去完成的。

人是一种有创造力、想象力的动物，我们在物理世界里容易受到很多束缚，但是元宇宙恰恰为我们打开了一个没有物理束缚，让人能够充分发挥想象力、创造力的平台。我们知道农业社会大多数人主要靠的是体力劳动，工业革命出现之后，机械生产替代了我们的体力劳动，所以在工业时代靠的是技能劳动。但是在未来，可能人类的技能劳动甚至是文书类的活动，像律师、会计所做的活动可能都会被机器、人工智能所替代，真正未来所需要做的工作是创意劳动，元宇宙恰恰提供了这样一个空间，能够打开我们每个人的想象力和创造力，真正发挥人生的价值。这其实和教育也是分不开的，因为教育的本质就是要点燃内心的那团火。

我想特别谈一点，我想到一位美国的科技评论家、科技意见领袖最近说的一句话，也是我非常喜欢的一句话：元宇宙不是一个地方，不是一个空间的概念，元宇宙是一个时间点，是一个时间的概念，元宇宙代表人类历史发展过程中由实到虚的趋势，经历这段时间之后，大多数人会认为虚拟世界比物理世界更有价值。可能在虚拟世界里，虚拟数字身份比在真实世界里的身份更重要。对大多数人来讲是天方夜谭，但是对周围有币圈或者区块链圈的朋友来讲的话，并不是天方夜谭。我周围有很多这样的人，他们都是在网上的社区认识，知道对方的资产、交易历史，但是他们谁都不知道对方的真实身份，也不知道对方的电话号码，基本不在线下见面。即使在线下见面的时候，出于礼貌和不成文的规矩，也不会问对方的真实姓名和电话号码。今天没有办法想象的东西，可能在未来就会变成现实。在未来，大多数人会觉得虚拟世界里的资产比物理世界里的资产更为重要，在虚拟世界里的时间也比我们在真实世界里的时间更为真实。因为元宇宙为我们提供了打开个人想象力无穷的空间，实际上它代表的是人类价值认同的迁徙，从物理世界迁徙到数字世界，迁徙到元宇宙。

元宇宙对社会的价值就是突破内卷。任何一个成熟的市场发展到一定程度的时候，一定会产生内卷。做房地产，整个地球上的土地就那么大，所有的土地都开发光了就只能变成存量市场。怎么做增量市场，怎么打开新的价值空间，这时候需要新的技术。每一次有技术革命的时候，实际上都给我们人类带来新的需求，带来新的反内卷方式，带来新的价值增长空间。因为元宇宙里的虚拟土地原则上可以无限开发，虚拟的资产也可以无限叠加的。所以，从整个社会的角度来讲，元宇宙为我们提供了一个可以无穷增长的引擎。

元宇宙发展到今天，底层的技术到底有哪些？我们把六大技术支柱的英文组合成一个比较有意思的缩写BIGANT，趣称“大蚂蚁”，具体包括了区块链技术（Blockchain）、交互技术（Interactivity）、电子游戏技术（Game）、人工智能技术（AI）、网络及运算技术（Network），还有物联网技术（Internet of Things），所以我们可以从技术发展的主线去理解元宇宙。其中一个方向就是我们看交互技术的发展，我们知道计算机刚刚出现的时候，人和电脑之间的交互是用打卡机、纸带，上面穿孔代表程序，非常不直观，非常不友好。后来出现了电传打字机、出现了文本的方式，这时候可以和计算机用文本语言来进行命令。再往下出现了图形用户界面，开始有了鼠标、窗口，计算机的操作变得更友好、更直观，后来出现了触摸屏，如今不需要教小孩子怎么用平板电脑，小孩子自己玩二十分钟就会用了，因为触摸屏交互界面非常友好和简单。接下来进入所谓的AR、VR虚拟现实和增强现实的时代，有一种极致的沉浸感、三维立体的身临其境的体验感。再往下就是未来想象的脑机接口，脑袋上插两个电极，就能感受到真实的世界，视觉、听觉等感官的信息都可以通过脑机接口交互出来。另外从通信技术发展的角度理解元宇宙，我们知道2G通信的时候最大的应用就是打电话，3G的时候可以看到很多的智能应用，4G的时候可以看到短视频，5G的时候就可以给我们带来像元宇宙这样有沉浸感、短时延、交互性非常强的应用。

大家可能更关心元宇宙和我们现实的场景、现实的行业有什么关系。我们知道前几年有一个很重要的概念叫“互联网+”，互联网技术和形形色色的传统行业相结合，今天互联网的出现已经不是虚拟经济，而是改变了所有的实体经济。我们的衣食住行、生活服务，不管是零售行业，还是旅游、传媒、通信等行业，其实都从根本上被互联网所改变了。元宇宙也对应着同样的“元宇宙+”的概念，元宇宙也可以改变我们现有的所有行业。

所谓的虚实结合，是指元宇宙并不是强调孤立、虚拟的空间，而是怎么样和现实的世界相结合。比如说扎克伯格自己经常举的例子，Facebook的Horizon Workrooms应用，因为新冠肺炎疫情很多人没有办法进行面对面的会议，原来的视频会议沉浸感不够强，但是戴上VR头镜，会身临其境走到虚拟会议室里，大家感到就像坐在身边一样，能进行面对面的交流。可能我在北京，你在上海，但是虚拟世界元宇宙里面会让你我感觉坐在同一间会议室，如果觉得会议室场景不够好的话，可以把会议室搬到海边丛林里边，是非常典型的和传统应用的结合。再比如扎克伯格举的另外一个运动的例子，今天你在健身房跑步机上跑步，会觉得非常无聊，但是如果你戴上VR头镜，在元宇宙里可以在海边或者外星球跑步，甚至可以和你的朋友进行社交。我们还可以想到和旅游的结合，同样因为新冠肺炎疫情，很多人没有办法跑到目的地去旅游，但是可以在元宇宙里去数字孪生的地方，可以到数字孪生的虚拟故宫或者虚拟卢浮宫去旅游。现实世界中能做到的事情都可以在元宇宙中做一遍，现实世界中做不到的事情，在元宇宙里也可以做。我前段时间去了趟敦煌，出于对遗址保护的目的，很多石窟不让人进去，但是如果作为数字孪生的话，所有人都可以戴着AR头镜进入虚拟石窟里面看真实的景象。所以，我们会看到元宇宙有方方面面的结合，比如在零售行业，你想买鞋或者衣服，在虚拟世界中可以试穿，你想买一个房子或者住一个酒店，可以走到数字孪生的虚拟世界中体验一圈。

元宇宙和教育行业的结合有哪些比较有意思的点？未来的教育有很多的特征，其中有一些特征我记得之前的几个嘉宾提到过，我们希望看到未来教育的特征是可视化、场景化、交互性、个性化、社交性和游戏化。这些特征在元宇宙里都可以做到。我们小时候在学太阳系九大行星的时候，只能看到书上的图片，在学DNA三维结构的时候只能去想象，但是在可视化的元宇宙里我们可以身临其境看看九大行星在太阳系里面怎么运行，

DNA 三维结构、高蛋白的精细的分子结构是什么样子的，都可以详细地看到。

场景化的教育能够帮助人掌握新技能，比如我们要学开车的话，在元宇宙里可以模拟一个非常真实的场景，不光模拟交通的路况，还可以模拟天气的状况，模拟各种各样紧急情况的场景，能够一步一步地帮你去掌握这项技能。同样，通过元宇宙来进行教育的话，可以大限度实行交互性，可以做到及时反馈，这和书本是不一样的。当然，通过 AI 技术和大数据技术，我们可以实现所谓的个性化教育。根据对个人的学习轨迹，包括学习中的情绪、眼神、回答问题的长短等数据的收集可以给部分人定制个性化的教育，帮助学生更好地掌握某一项技术或者技能。

同样，我们知道很多人在社交过程中知识得到更好地巩固。通过元宇宙同样可以进行一种社交化的学习。当然，最新的概念就是游戏化。我们知道兴趣是最好的老师，是学习最大的动力，真正做到寓教于乐，在元宇宙里把所有的课件游戏化，才能让学生有足够的动力学到他所掌握的知识。我们知道之前很多人把游戏妖魔化，但游戏对人类是必不可少的。游戏在进化的过程中是一个奢侈品，而不是必需品。大多数的低等动物都没有游戏行为，在动物界只有鸟类和哺乳动物才会有游戏行为，因为游戏需要暂时忘掉现实。同样回到之前讲的观点，人总是要超越现实，低等动物百分之百的精力都用于应付现实，从现实里面脱离出来的时候，才有能力进行游戏。豹子、狮子等动物的幼崽都是通过游戏学习、掌握最基本的生活技能，人也是一样。未来真正能够做到寓教于乐，对于教育行业实际上是一个非常大的推动。

最后，我想讲一个观点，为什么元宇宙对于教育有更深远的影响。大家在互联网时代有一个熟悉的概念——模因，或者说文化基因、思想基因。在我看来，教育的本质其实就是在传播某种模因、文化基因或者思想基因，把思想基因和文化基因灌输到每一个心灵、大脑里边就是教育的过程。我们知道所谓的模因，即文化基因或思想基因，它和生物基因有区别。所有的生物最基本的共同点都是要复制生物基因，因为不管是人这样的高等动物，还是新冠肺炎病毒这样低等的微生物，都是要复制自己的基因，因为个体生命都是要死亡的，怎样超越死亡，把基因复制下去、传播下去，某种意义上生命就得以延续。但是人跟低等动物最大的区别在于我们不只是生物基因的载体，还是思想基因和文化基因的载体，所谓的模因的载体。人类所有的行为模式，我们的思想、文化其实都可以被看作模因。互联网每年流行的这些常用语，比如“给力”“不差钱”，抖音上流行的短视频其实都是模因的例子，因为它传播的轨迹、路径和生物基因、病毒是一样的。为什么我们在做互联网传播的时候，会说病毒式营销或者病毒式传播，因为病毒是从一个宿主传到另外一个宿主，而模因、思想基因或文化基因从一个大脑传到另外一个大脑。人和动物最主要的区别在于我们不光是生物基因的载体，还是模因的载体。

对于人类来讲，想要超越死亡的话，传播模因比传播基因更为划算，因为通过有性繁殖，一个孩子只继承父亲1/2的基因，继承祖父1/4的基因，依此类推，每增加一代就被“稀释”了1/2的基因。我们知道孔子的后代到今天已有八十多代，那么，孔子的后代里拥有孔子基因的就是2的80次方分之一，但是孔子的思想基因——儒家思想已经生生不息，影响一代又一代的中国人。所以，生命的意义在于传播模因，而教育的本质就是在复制模因，传播文化基因或者思想基因。

从这个角度来讲，我们就可以理解元宇宙这样的技术发展对于人类文明的意义。有语言之前，人跟人之间模因的传播都是靠面对面手舞足蹈地比画进行的，传播效率非常低，有了语言之后第一次可以用符号化的方式，来传播文化基因，效率一下就提高了。后来出现了文字，文字可以让我们超越时空的传播模因，几千年以前写的文字可以穿越时空，在不同的国度、在不同人的心灵里面点燃火花，这就是文字的力量。

以前的文字都是用手抄的，传播效率非常低，随着技术的发展带来印刷术，可以大规模复制、传播模因，后来出现了形形色色的现代媒体，包括图书、杂志、广播、电视，其实这都是模因的传播器、传播媒介。以前有几亿人在电视前看春晚，只能看却不能互动，今天出现了互联网，出现了一个不需要成本就可以大规模复制、传播模因的媒介，所以，从某种意义上来讲，互联网是模因的超导体，这也是互联网对教育有这么大的影响的原因。今天我们将互联网分成Web1.0、Web2.0和Web3.0，Web1.0是只能读，别人发布的内容你只能看，你的脑子里面只能被动复制别人的模因，Web2.0带来的是可以读还可以写，每个人都变成自媒体，可以发布自己的信息，可以发布模因，让别人来复制，每个人可以通过模因影响世界。Web3.0的特征是不光可以读、写，还可以拥有内容，通过NFT、区块链数字确权等技术，保证我们可以拥有自己创造的数字资产，这也是元宇宙给我们带来的真正价值。教育的本质就是在传播模因，未来的元宇宙，所谓的Web3.0时代、互联网3.0时代可以带来可视化、沉浸感强的模因，而且能通过一套拥有确权的机制更好地去认定这些模因所带来的价值。

王乐京

谦润认知科技董事长

人如何在元宇宙中学习?

我叫王乐京，今天和大家讲讲人在元宇宙中是怎么学习的。

有些朋友第一反应是：这哪用讲，戴个VR眼镜，在虚拟的课堂有个虚拟老师不就是元宇宙教育了吗？当然不是这样的。

我是做投资的，喜欢投资比较前沿的东西。2012年的时候我投资了人工智能，2015年我投资了无人驾驶，2018年我成立了中国第一家认知科技企业，这三件事情在国内都是最早的。

认知科技是从脑神经网络的生长原理出发，探索更愉悦、更高效的学习方式，成果被《人民日报》《中国教育报》都报道过。我本人是《教育装备蓝皮书》的撰稿人，教育装备常务协会的副会长。

在大家的概念里，教育跟元宇宙八竿子打不着，前两天我在朋友圈发这个主题还收到了一位前辈的留言。他说："教育也说元宇宙，凑什么热闹？"我说："元宇宙会改变人类的学习方式。"他给我发了一个表情，还说："你说这话，你自己信？"我回答他："2015年，我跟您说无人驾驶，您也是这个表情。"

元宇宙和教育到底有没有关系？就是要看元宇宙能否解决教育的主要

矛盾。

目前的教育，在教与学环节有三个主要的问题：

第一，课堂上，学生的理解力和专注力参差不齐，课堂讲授难免顾此失彼。

第二，如果进行一对一的辅导，又面临着优秀教师的人手不足和教师的精力不足。因材施教，成本太高；个性教育，有心无力。

第三，在有些地方还存在教育条件不具备的问题，包括没有场地、设施，经费匮乏等。

元宇宙能不能解决这个问题，就是接下来我们要探讨的核心。

在谈元宇宙之前，先说说认知科技，这是一个对大众来讲比较陌生的词语。怎么理解？我找了一个短片，大家可以先看一看。这是《黑客帝国》里的经典片段。

男主角通过脑机接口学会了功夫，几十秒的时间，额头出了点汗就搞定了。我当时看这部片子的时候还在读书，我就想，如果读书是这样就好了，所有东西都可以灌输到脑子里，就不用学得这么辛苦了。

这不就是解决教育的主要矛盾了吗？对老师没有了要求，对场地也没有要求，多好。

稍懂点脑科学的人会讲这是不可能的，因为脑神经的发育是生物性的，是需要时间的，不可能一下子就长好。但如果说我们留足够的时间呢？千万不要忽视科幻和现实的关系。

认知教育和传统教育的最终结果和目标是一致的：从生物学角度，要生长发育出特定的脑神经网络，特定的脑神经网络意味着特定的知识和技能。

接下来，我想从三方面进行分享：第一，K12教育的元宇宙应用案例，科幻就在我们身边。第二，认知科技与教育的核心关系。第三，元宇宙对教育的真正意义。

再看一个片子，教育中的黑客帝国，K12的元宇宙应用。这是一个真实的项目，是中学的VR实验室。学生戴着VR眼镜在做实验，根据提示一步步操作，操作体验和实际操作是一模一样的，整个过程不需要老师。通过教学平台，老师可以知道每个学生的学习情况，知道学生哪些环节学得好，哪些环节学得不好，老师可以提供针对性的指导方案。

这对教育的意义是什么呢？

原来中考是不考实际操作的，只考笔试的内容。现在有很多省市已经把实际操作纳入考试中，而且分值不低，导致很多学校手足无措，原因有两个：第一，老师的经验不足；第二，实验场地不足，现在学校要配套物理、生物、化学三个科目的实验室大概要花费五六百万，这对任何一所学校都是一笔不小的开支。

如果有一个VR实验室，就不用花那么多的费用。学生在VR实验室里做预习，可以掌握相关知识。真实课堂讲授的时候，学生会把他学会的东西和实际体验进行整合。美国做过类似的研究对比，在VR实验室里学习，学生的学习效率会比单纯的真实实验提高70%以上。

虽然这不像《黑客帝国》一样，灌输进去就学会了，但是需要学生一步步互动化的学习和操作，有反馈的过程。共同之处是不需要老师了，对老师的需求大大弱化，对场地的需求也大大弱化，这解决了刚才我们提到教学环节的几个问题。

即使在师资不足、条件匮乏的条件下，学生也能获得高质量、个性化的教育，这就是认知科技对教育的意义。

在国外，丹麦创业公司Labster也在做同样的虚拟实验室，已经服务了两千多所高中和大学，累计融资超过一亿美元。

认知科技究竟如何运作？

我造了一个词语叫“颅内编程”，刚才学生在和VR的互动过程中，大脑神经网络也是按照期望的逻辑在生长的，所以认知科技就是利用科技手段刺激大脑按特定的方式活动生长出特定的脑神经网络，从而掌握特定的知识和技能，这就是认知科技。

刺激脑神经生长的要素有什么？有多巴胺、皮质醇、海马体。

认知科技就是利用交互程序、VR头盔等，制订特定的学习方法和学习计划。第一，让学生感到快乐，提升多巴胺，让学习成瘾，使海马体更好发育。第二，控制皮质醇，使压力变为动力，提升短期的记忆水平。快乐与压力相结合，遵循记忆曲线不断重复，就可以刺激神经网络的发育。

下面有一个案例，就是通过程序化机制、社交化机制为学习者的海马体源源不断地提供多巴胺和皮质醇。

这些机制包括：单人学习、单人闯关、组队学习、邀请闯关、多人组队闯关、道具掉落、多人榜单、每日任务等，每一种机制都从不同的角度刺激人在学习时的脑神经更加活跃。

认知科技可以进一步进行细分，特定技术手段包括AR、VR、即时互动、动作交互等。刺激大脑的方式活动有多巴胺、皮质醇、海马体等，目的是让脑神经按照特定的预期进行生长，从而掌握特定的知识和技能。

我们基于脑神经的生长逻辑去研究，发现不光能提高学习效率，还会有更多有趣的发现。

有一个案例：我们基于大脑的语言逻辑研发了一套语言训练引擎，这套引擎居然能够教授所有语言、覆盖所有年龄，打破了语言学习的魔咒，包括哑巴外语、年龄越大越难学等，从大脑的底层脑神经逻辑解决了这个问题。

根据我们目前的实验数据来看，用语言训练引擎来备考英语和日语，整个过程中，学习体验游戏化，容易产生心流，记忆效果非常显著，而且能让口语娴熟，堪比母语。

这些都是基于认知科技重新构建的人类方法。

人类大脑有一个很重要的功能——遗忘。

什么样的事物会被记住？重复出现的事物会被记住，让人带来愉悦的事物会被记住，让人产生压力、感到害怕的事物会被记住。这意味着有情绪的参与，脑神经的发育会更加快。这就回答了开篇的第一个问题：元宇宙对教育的意义到底是什么？

元宇宙在体验上有“4I”：Immersion 沉浸、Interaction 交互、Imagination 想象、Impression 印象。体验过 VR 的人都可以很好地理解这“4I”，元宇宙的“4I”可以让认知科技有更强烈的体验，视觉听觉、物理互动、激发情绪，刺激脑神经更高效地生长，使颅内编程更加高效。

这是元宇宙对教育的意义。

谈到这里大家还是觉得有点抽象，有点天马行空，接下来看些实际的例子。

2021 年 6 月，美国国防部与 VRT 厂商签订 VR 空军训练合同。这是一个已经实施的项目，训练飞行员做空对空的加油。训练方式包括 VR 模拟、AI 讲师跟踪、评估学员空中加油熟练程度，并提供相应的指导。给空军带来的好处是节约了大量成本和资源，更高效率地培训了更多的机组人员。这跟教育所面临的问题不谋而合。

刚才是美国的情况。我们再看一段视频了解一下中国的情况，是在消防领域的应用。怎么把训练场模拟成火场呢？真实环境中是很难的，但通过 VR 就可以很好地模拟，训练包括消防工具的选择和使用、灭火、破门、救人等。这已应用到中国的消防单位中了。

无论 K12 教育、成人教育、大学教育，要掌握的知识和技能远远比不上空军和消防员。在那种情况下，你记错一件事情，或者反应不够迅速，面临都是危险，乃至死亡。如果说，在这种极端的条件下，元宇宙的学习方式都可以提供保障和支撑的话，我们会有足够的信心去相信这样的学习方式也可以大规模地应用到普通教育上。

所以说，元宇宙的教育不是“虚拟的课室+虚拟的老师”，一切将会以认知科技为底层逻辑重新构建。这是人类历史上从来没有体验过的低边际成本、高质量互动、即时个性化的学习方法。从产业的发展角度来看，虽然目前这一切还没有普及，但核心只有两个问题：一是硬件成熟度不够；二是成本比较高。从投资的眼光来看，这一切都会因为时间的推移慢慢被解决。

毫无疑问，有一天，元宇宙会改变人类的学习方式。

今天我分享了这么多，感谢各位！

赵国栋

《元宇宙》第一作者
中关村大数据产业联盟秘书长

元宇宙与世界重构

我今天给大家讲的题目是《元宇宙与世界重构》，这是个很大的话题。上次接到论坛的邀请之后，我就一直在想在咱们的元宇宙教育论坛上我应该讲些什么。我想试图从元宇宙的基本特征认知出发，来看一看我们对于未来世界的看法，就这个话题和大家进行交流。我最近刚画了一幅图，我称之为元宇宙的全景图，分几个层次。我从中心的点开始，一环一环展开来讲。

中间这个点就是元宇宙。什么是元宇宙？每个人有不同的看法。从我写《元宇宙》这本书的动机来看，我把元宇宙定义成下一代的互联网。下一代互联网和上一代互联网有什么本质上的区别？上一代互联网可以说是移动互联网，再往前一代是PC互联网，移动时代发生最大的变化就是从不动到动，而移动互联网到元宇宙最大的改变，其实更多的是维度的变化。无论是PC互联网还是移动互联网，信息都是以平面二维的方式呈现给我们，到了下一代互联网，是以三维的方式呈现给我们，维度发生变化，这是非常本质的变化。下一代的互联网和上一代互联网，或者说元宇宙和上一代互联网至少在五个方面有本质的差别。这五个方面分别为“创造”“交流”“交易”“体验”“场景”，我们把它们称为五个特征。

创造是自由自在的创造，交流是自然而然的交流，交易是随时随意的交易，体验是亦真亦幻的体验，场景是亦实亦虚的场景。每个特征都对应着相应的技术、产业发生巨大的变化。

刚才看到沈老师讲到创作者经济，从第一个特征自由自在的创造开始，事实上又提出了关键词——精神物理法则，元宇宙创造摆脱物理法则的现实，换句话说摆脱传统物理法则的限制，是不是可以有新的物理法则。水可以倒流，这种法则的依据是什么？答案是心理，和人的精神相关。所以，元宇宙的创造是和人的心理高度绑在一起。元宇宙创造的门槛特别低，用搭积木的方式来创造，降低了创造门槛，创造的自由度非常高，创造出来的东西不一定是商品交易，这就是形成创作者经济的前提。

第二个特征，自然而然的交流。今天我们以视频会议的方式，就不是自然而然的交流，做不到“眉目传情”，发言人只能盯着屏幕讲，盯着屏幕讲的时候，眼睛是斜的，因为摄像头在左边。而在元宇宙三维的场景中，可以用数字人虚拟身份代替我们进行交流。在这里，我提出来三个关键词——数字人、社交和伦理的变化。这种交流方式将引起社交方式的变革。这个时候带来的问题是：“和我长得一样的数字人说的话，能不能代表我的发言，是不是经过我的授权？就算经过授权，如果是人工智能驱动的，突然蹦出一句我不喜欢说的话，或者我不希望表达的观点，这种观点给社会造成影响该怎么办？”这是很多数据罗列的问题，交流方面涌现出的话题。

第三个特征，随时随地的交易。我们在上一代互联网时代是在中心化的网站上去交易，而在下一代互联网时代，如在淘宝、拼多多、京东买东西，是在一个三维的时空中，我的可支配空间基本上比二维多了，而且还是立体的，是场景高度融合。再比如，我们在今天开会的场景中可能会卖书，这个时候是我们的场景和商品高度融合在一起的时候，就叫作随时随地的交易。这个时候我们的数字资产、数字货币就有了用武之地。所以，在交易里体现了三个关键词——资产、数字货币、场景化，这是交易环节的特征。

第四个特征，亦真亦幻的体验。用三个关键词概括就是：真假、有无、知识。刚才王老师讲得特别好，人在教育当中如何学习，我一直在学习。传授知识，最早是通过言传身教口头传授的，后来是通过文字、图像来传授，再后来是面授。现在有了元宇宙，不光能见到面还能够交互、实验，这种改变推动教育产生了大的变革，特别是学习的方式发生巨大的变化。通过虚拟的体验我们也获得了真实的知识，此外，无论是虚拟的体验还是真实的体验都改变了大脑的学习结构，改变了我们神经系统的结构。从这点来讲，我们的体验不论是真实的还是虚拟的，我们获得的知识都是有效的。从亦真亦幻的体验这点来讲，正是指教育变化具备多种可能性。

第五个特征，亦实亦虚的场景。分了三个层次，分别是数字孪生、数字原生、虚实共生。数字孪生是把物理世界映射到数字世界，相互影响。数字原生指的是在数字世界里面创造出的新世界中的物体也是虚拟的。第三个层次就不同了，虚实共生，在虚拟的世界里，有真实的物体，真实的世界有虚拟的物体。

以上是元宇宙的五个基本特征，是区别于上一代互联网的东西，是技术的变化、产业的变化给我们带来的不同层次。我们从技术上来讲，实现随时随地的创造、交易、体验，满足新的场景需求，需要哪个技术？我们今天实际上应用的技术很多，今天我讲六个方面，很难穷尽，第一点是现在的网络技术。都说现在5G铺设很广，事实上5G应用比较少，我的手机到现在没有换5G网络，但是我觉得应该够用。4G看视频足矣，如果换成元宇宙时代的话，4G明显不够用。所以，元宇宙对5G的拉动性非常强。

反过来说，5G驱动元宇宙的发展，每一代技术的升级换代都会有新的技术出现，我们知道2G是运营商占据统治地位，3G的时候只是图文，那时候微信崛起，也就是2011年微信上线，现在成了我们生活的基础设施。到4G的时候就是视频，视频的上线时间应该是2014年。到了2016年，抖音上线，抖音现在的全球用户数加上tiktok超过了微信，甚至比facebook还要高，这也仅仅用了几年的时间，这是4G时代。现在5G铺设相对广泛，现在看来元宇宙是5G非常大的应用场景，这是元宇宙对网络的影响，元宇宙和网络之间互相的影响。

第二点是人工智能技术。在元宇宙里，人工智能不单只是扮演计算的角色，还扮演生产力的角色，就像人一样，它在创造东西。我举一个例子，比如说现在买一件T恤衫，什么决定T恤衫的价值？可能是图案，因为T恤衫的材质都是很标准的。人工设计的效率可能比人工智能的效率低很多，人工设计需要几个月才能生成设计图案，而人工智能只需几秒钟就可以生成设计图案供我们选择。人工智能是在效率上超过了人类。所以人工智能扮演很重要的角色。

第三点，3D的技术。二维变三维就是3D技术的发展。应该说中国的3D技术在某些方面还相对落后，我们使用的3D引擎都是国外的引擎，我们的渲染技术、3D建模技术都是国外的技术平台，未来这个非常重要，就像操作系统一样重要，这个时候我们就需要加强在3D中的投入。

第四点，区块链技术。区块链对元宇宙来讲也是非常重要的技术体系，这个体系中对元宇宙有大量作用的是资产。什么保证变成资产？区块链提供了技术，NFT可以把任何一件数字商品的确权进行交易，这是区块链技术和元宇宙相互影响的地方。

第五点，交互技术。交互技术包含很多，视频、音频、传感、手势动作捕捉，身体的触觉等都用到交互技术，元宇宙的发展给交互技术带来更大的发展。

第六点，地理空间技术。在二维世界里不需要空间计算，有两个坐标就好，但是在三维世界里，位置成为元宇宙非常重要的技术，变成了元宇宙最底层的技术体系，这是技术的影响。

技术的发展进一步带来产业的变化，从数字原生的世界出发，我们看到虚拟的共生服务，虚拟人生、虚拟组织、虚拟交通工具、虚拟的角色、虚拟的物品等，这是数字原生。

如果说看到数字虚实共生，我们的游戏、娱乐、会展、设计、仿真、制造、体育、广告、零售、教育、金融等都会发生变化，各行各业都会发生变化。经常有人问元宇宙和行业有什么关系，和每个人有什么关系，我都回答关系特别大。任何一个产业或早或晚都会进入这个时代中去。当下最火的就是数字带货直播，是元宇宙中特别火的领域。数字人带货直播的时候，有三个特征是员工不具备的，一是二十四小时连续工作，二是永不翻车，三是永远不会辞职，这对于企业经营者来讲，有很多的好处。现在，很多公司纷纷上线数字人带货直播，这都是受产业的影响。

跳出技术产业角度来看，从更宏观的角度社会文化方面来看，元宇宙会带来方方面面的变化。元宇宙里出现了传统经济学中我们没有见过的对象——数字商品。数字商品的生产和交易都是在数字空间里面完成的，这就是元宇宙经济。治理和安全是不可分的，称之为治理经济安全密不可分，接下来包括元宇宙的社会，元宇宙的文化、文明、艺术、主权、伦理都相关。

李骏翼

清华美院社会美育研究所学术委员

Meducation觅渡：面向元宇宙教育的多元提问

题目里面有些陌生词汇，接下来我会和大家一一解释。

我自己既是教育研究者，也是教育实践者，从K12美育到企业培训，从国际汉语到农村教育公益，无论研究和实践，都带有比较强烈的跨界特征，但今天这些都不重要，我将扮演一个非常特殊的角色，就是一个超级人工智能的助理，不是我请人工智能给我做助理，而是我要给人工智能做助理。

元宇宙教育，我创造了一个新词Meducation，是Meta和Education的最简化合体，可以作为元宇宙教育的标准翻译。其实，元教育、元教育学，都是学术界已经存在的概念。元宇宙教育，和它们不同。

接下来，我会讲一个稍有科幻感的故事，从故事中大家可以感受"今天的我们"和"未来元宇宙教育"之间的密切关系。

20世纪70年代的时候，"互联网教育"还没有出现，但是今天几乎每个人都知道了它，它就在我们身边。如今，我们说"元宇宙教育"，99.9%的人没有听说过，但是到了21世纪70年代，元宇宙教育早已经不是炫酷的概念，每个人都极为熟悉，是那个时代的基础设施。

我要讲的故事，就发生在20世纪70年代，主人公就是觅渡，寻觅的觅，渡口的渡，颇有一些场景感。英文名Medu，就是Meducation的缩写。它是由中国政府联合多家企业共同建设的超级人工智能计算平台，专门面向教育领域。

觅渡超算平台是干什么的？大家可以想象，在各种的元宇宙空间里，有很多教育类虚拟角色，比如虚拟老师、虚拟同学、虚拟家长、虚拟教练等，也有很多带有教育属性的其他角色，比如虚拟心理咨询师、虚拟企业顾问、虚拟导游、虚拟医生等。在现实世界里，还有很多智能教育硬件，如健身器、空间画笔等。无论是虚拟角色，还是智慧硬件，都需要和真人进行个性化交互，不仅要很流畅，而且要能够展现出我们所说的“传道、授业、解惑”这样的教育特征，这显然需要极为强大的算力和数据支持，这背后就是我们的觅渡超算平台。那个时代的超算平台非常多，觅渡不是算力最强的，也不是数据最庞大的，但它却是跟人们的关系最为亲近的，因为定向教育，从儿童到老年，伴随着每个人一生的成长。

我怎么知道这些呢？2021年秋，中国教育三十人论坛和中译出版社联合成立了“元宇宙教育联络小组”，大家进行头脑风暴，与其说“站在今天想象未来”，不如说“站在未来回望今天”。我们想尽各种办法，尝试着向未来发送一个跨时空通信请求。万万没有想到，不久前真的收到回复信号，就是觅渡超算平台联系了我们，才有了前面分享的信息。

我们的跨时空通信带宽很低，稳定性不太好，目前只能和觅渡进行简单的文字交互。我们计划发送一些精选的问题，由觅渡来回答，然后把内容整理出来呈现给大家。我目前的任务，就是搜集好问题。接下来我们回到2021年12月4日的当下，来看看有哪些问题。

“面向元宇宙教育的多元提问”，“教育”居中，两边的“元”相互对称，左侧就是指元宇宙，右边的多元，指数量多、维度多、视角多、场景多，或许也意味着平行有多个宇宙。

由于今天是线上交流，我们不再互动，其实我已经搜集了很多问题，接下来的分享算是抛砖引玉，希望广大的教育专家、老师、教育从业者、关注教育的各界朋友们，如果有更有趣、更好玩的问题，也可以联系我们，我们一起问向未来。

接下来，我把目前搜集的问题分成三大类，归纳了十几个关键词，其实它们之间并非泾渭分明，而是相互关联。因为时间关系，页面上列出来的问题我不会都读出来，大家可以自己浏览，我挑其中一两个稍做一下解释。注意，只有问题，没有回答，这种交流模式我们平时不太习惯，可能会产生一点点眩晕感。

首先，是社会视角的问题。

第一个关键词：元宇宙。关于元宇宙，大家已经讲了很多。我分享一些很小的问题。很多人都很推崇“寓教于乐”的教育理念，但在现实中，看到自己的孩子玩游戏越是沉浸越感觉头疼，担心孩子会玩物丧志。大家知道，元宇宙技术非常强调深度沉浸，这对教育而言是好是坏呢？这让很多家长、老师都感到担忧。我很想问觅渡，21世纪70年代，人类是否已经建立起了有效机制，让元宇宙科技在教育领域中展现出“科技向善”的感觉？让我们问未来。

第二个关键词：家庭。今天上午，朱永新老师讲，教育是从家庭开始的。元宇宙科技如何影响家庭，继而影响教育呢？上午张志勇老师发言时大声疾呼，家长们一定要正确理解教育，才能更好地做好家庭教育。现实很残酷，就算呼吁很多，总会出现极少数非常不靠谱的父母，用错误的方法对待孩子，甚至刻意伤害孩子，把孩子逼到高楼栏杆前，很多人间悲剧就发生了。我们想问觅渡，元宇宙时代，如果有这样不靠谱的父母，我们是否接受让虚拟父母代替真实父母，负责孩子的成长吗？反过来，孩子会接受虚拟父母的爱和照顾吗？这些问题，我们问未来。

第三个关键词：国家。今天上午，企业家曹德旺先生特别强调国家发展离不开教育，教育也需要转型升级。后来，杨东平老师分享了非常多不同国家的教育政策案例。不同国家政府看“元宇宙时代”，会怎么影响教育？不同政府又会制定怎样的教育政策呢？我们都想知道。分享一个小细节，我们玩的游戏里，妖魔鬼怪、强盗恶霸非常多，这些游戏角色，政府并不会在他们的人格设定上多加干涉。但在元宇宙场景里，如果虚拟角色的人格设定带有强烈“反人类”倾向，如果虚拟角色扮演教育者，后果会怎样，我们不知道。未来的国家政府会监管元宇宙里那些虚拟角色的人格设定吗？该怎么管？这个问题非常难，我们先提出来再说。

第四个关键词：社会。科技促进人类社会的不断演化，也带来很多困扰。当前时代的一个困扰就是人口问题。科技、经济比较发达的地区，人们不愿意结婚，也不愿意生孩子，教育压力越高人们越不愿意生孩子。我们想问，元宇宙时代，人们会积极生孩子吗？假设人类科技已经实现体外辅助生育，生孩子不难，那谁有权利获得更多生育权呢？是依靠虚拟世界的积分吗？我们也想知道。全球教育发展非常不均衡，教育是公益领域的核心主题。元宇宙教育中，边际成本可能非常低，这种“低”能解决教育不均衡问题吗？或者问，21世纪70年代教育公益还存在吗？被帮扶的对象是谁？我们想知道，但我想您肯定还有很多问题，不妨一起问未来。

接下来，我们会深入教育内部来看看，有哪些问题可以提出来。

第一个关键词：教学。曾经有人开玩笑，现在科技给传统教学带来最大的改变就是PPT。如今网络技术非常成熟，但是在大部分学校，网络教学还没有成为新常态。我们想知道，什么时候VR模式会成为教学新常态？那个时候黑板还在吗？就在前几天，和几位年轻的朋友聊到三国，他们对于“三国历史”的理解，很多都来自游戏设定，并且认为那就是事实。元宇宙教学如果出现这种情况，如何解决？VR教学会带来非常直观的形象，但也容易带来思维固化的问题，这该怎么去面对呢？

第二个关键词：学校。谈教育，不可能不涉及学校，相关联的问题非常多，只举两个小例子，现在学校积极开展STEM教育、编程教育、机器人课程，通常都会被认为是素质教育的探索。元宇宙时代，还有应试教育和素质教育的区分和争论吗？如果过程完全数字化，会不会比现在的考试分数更加内卷？我们很想知道未来会怎么样。“双减”政策推出，原本数百万教育培训机构里的教育人对未来开始感到迷茫，我们想问觅渡，元宇宙教育和商业是什么关系？教育和资本有什么关系？市场化的培训机构还在吗？我们也想知道。

第三个关键词：教育者，也就是老师。每次的科技浪潮都会淘汰一批职业，催生一批新职业。被淘汰当然感到焦虑，元宇宙教育时代，“教师”这个职业被淘汰了吗？如果没有，社会地位是比现在更高还是更低？这些问题很扎心，历史上的教师，地位都是忽高忽低、不断变化的，无论如何都必须去面对。

第四个关键词：学习者。《黑客帝国》里面的想象，通过脑机互联技术开展学习，现实也越来越成为可能。而更细的问题，每个人都能快速学会，但这对每个人都一样吗？如果不一样，原因是什么？是因为人的智商和努力有差异，还是元宇宙的科技能力，甚至是个人的付费能力呢？我们很想知道。

第五个关键词：教育学。元宇宙教育学，听起来很酷，将来会不会出现专门研究教育的虚拟学者？他会怎么做研究？研究成果怎么呈现？他会写论文吗？如果写的话，速度、数量和质量会怎样呢？觅渡就是那个时代的虚拟教育专家吗？我们也很想知道。

刚才都是比较具体的教育问题，可以从现实难题出发思考，也可以从内心对教育的期望出发提问，接下来我们跳出教育，看看还有哪些超越型的问题。

一个关键词：生命。人类科技在演化，人类物种也没有停止演化，“适者生存”依然是底层法则之一。人类为了适应变化，过去只能靠教育，如果我们可以通过改变基因的技术，主动控制基因演化方向呢？如果出现了新的人类物种，我们跟他到底是什么样的关系？黑猩猩也属于灵长目的哺乳动物，如今我们保护它们，避免它们灭绝，未来我们也会成为被保护的对象吗？这些问题引发我们的思考，已经超越了教育的层面。

另一个关键词：未来。五千年前，全球很多地方陆陆续续出现了文明的曙光，文明因教育而传承。五百年前，大航海把世界连接起来，工商业促进全球发展。五十年前，互联网出现，如今已经深刻改变了我们的生活、工作等各个方面，还出现了互联网教育。五十年之后，就是21世纪70年代，社会会如何呢？这五十年里，有没有涌现出新的浪潮？五百年后，甚至五千年之后呢？教育会怎样，社会会怎样，人类会怎样，地球会怎样？

这些问题是我目前收集的问题，朋友们肯定还有很多问题，希望大家能提出来，我们一起问向未来。

什么是教育？雅思贝尔斯曾留下一句名言：一棵树摇动另一棵树，一朵云推动另一朵云，一个灵魂唤醒另一个灵魂。很多老师特别喜欢引用。而我和觅渡的跨时空通信，它回复的第一个问题就是“什么是教育”：一个ID改变一个ID，一串数据融合另一串数据，一个宇宙波及另一个宇宙，这，就是元宇宙时代给我们的讯号。

非常感谢网友们听我讲完这样一个既科幻，又非常现实的故事。这些问题都只是抛砖引玉，只有问题，没有回答。如果您非常希望参与这场探索之旅中，请加入我们，您不仅能成为元宇宙教育这本书的共创者，也会成为元宇宙教育的共同实践者！

我是李骏翼，21世纪70年代觅渡超算平台在今天的助理，再次感谢大家。

李许珊珊

罗布世界RLC社区CEO

元宇宙时代与青少年STEM教育，以Roblox为例

刚才我非常认真地听了李老师关于觅渡的分享，一边听一边在想，李老师的分享如果说是带领我们去畅想五十年以后教育会发生什么，那么，我今天给大家带来的《元宇宙时代与青少年STEM教育，以Roblox为例》，就是把时间尺度拉得更近一点，在未来五年到十年，更多的是在未来五年来看看我们的青少年教育和元宇宙会有什么样的不同。我会分享一些案例给大家，这样大家可以更直观、更清晰地看到即将发生的不一样的画面。

目前我是罗布世界RLC社区，也就是罗布世界终身创造者青少年社区的CEO。我本人在七年前创立了一个女性社群——女闯王，曾获得了非常多的社会认可。在我的身后，有一个非常庞大的女性群体，因为我是一个“80后”，我身边的女性大多也是“80后”，她们的孩子也刚好正在经历小学、中学这个阶段，这正是我们罗布世界项目希望触达的人群。

今天，我以这样的角色来和大家分享，还有一个原因是我本人在大学读书期间主修的是工业设计这个专业。从某种意义上来讲，我在大学期间就已经开始接触如何创建三维世界的知识了。因此，我对元宇宙的理解也更容易一些。而在我所创立的女性社群里，还是有相当一部分女性对技术、科技方面的兴趣没有男性那么高，不愿意去了解元宇宙到底是什么，元宇宙对于孩子的未来意味着什么。所以，每次她们会来问我：最近看你一直在讲元宇宙，元宇宙到底是什么？经过一段时间的交流，我开始使用几个大家比较容易理解的词来解释什么是元宇宙，即虚拟社会、数字世界、意识的世界、可编程的世界。但是不管是虚拟世界还是现实宇宙，是数字世界还是非数字世界，是意识的世界还是物质的世界。虚拟世界与真实世界的底层其实都是和“物理层”相关。

接下来我会以Roblox为例，和大家进行详细说明：

现在看到的画面，左边是一个苹果，右边是一个掉落下来的方块。很多人一看到这个苹果，立马就会想到和物理有关的一位人物，就是我们伟大的物理学家——牛顿。看到右边的方块有一点懵，右边是这样一个看起来正在掉落的方块。

图1

其实，早在1989年，Roblox的创始人就开始致力研究怎么样通过交互物理学的二维模拟去帮助孩子们进行更生动、有趣的学习，帮助他们从虚拟世界了解客观世界的物理现象。这个产品最初叫 Interactive Physics（交互物理）。直到2014年，他创立了Roblox，即Robert+Blocks两个单词的组合词。可是不管是曾经的Interactive Physics，还是现在的Roblox，在Logo上面始终没有把绳子吊着方块的图形给丢掉，一直保持着，直到我们看到2017年之后，把它进一步简化，把方块斜一下一直到现在变成黑色的Logo。

图2

因为我大学是学设计的，所以，我很喜欢从Logo里去理解平台或者创始人对自己所做事情的初心。虽然说现在Roblox被很多人表层地理解为就是一个游戏开发的引擎，但是实际上它的里面是内置的物理引擎，是帮助我们可以把现实的世界还原到虚拟世界当中，对青少年来说是非常友好的三位虚拟世界的开发软件。

2021年3月，Roblox以元宇宙第一股在美国上市。上市之前，它的市值是一百九十五亿美元，最近这一段时间再去看，它已经飙升到了六百多亿美元。2019年的时候，国内的互联网巨头公司腾讯和Roblox一起正式在中国成立合资公司。

Roblox的创始人David Baszucki（大卫·巴斯祖克）是一位“60后”。虽然表面上看起来，Roblox好像是横空出世的一个厉害的公司，但是实际上，如前所述，创始人是从1989年就开始了这一切，也就是我们所说的STEM教育的初心。只不过在现阶段被大家更多地看到是用于游戏的开发。

从1989年到2021年，Roblox在经历了三十二年的不懈奋斗，可以说把想象变成了现实。最主要变成现实的抓手，就是我们现在看到的Roblox Studio，在中文里面称呼它为罗布乐思编辑器。现在看到的这个图是它从2006年开始到2021年整个编辑器的Logo变化，其实它的icon的变化有很强的物理引擎属性在里面。

图3

刚才给大家讲的Roblox Studio，我在这里截了一张图，大家可以更直观地看到里面整个是三维的开发环境。现在国内对下载的这个软件进行了一部分的汉化，但是旁边的资源管理器属性还有写代码的部分依然还是英文的。

这样的工具会带给我们中国的青少年在STEM教育上怎样的帮助？或者会怎么样改变我们的一种教育方式？

我认为，还是要先理解这个工具到底好在什么地方。我从2020年11月份开始负责这个项目到今天，在经过了大量的信息搜集体验以及与青少年的交流之后，我提炼出十个罗布乐思编辑器非常棒的特点：1. 物理引擎；2. 3D开发场景；3. Lua编程语言；4. 唯一的身份ID；5. 多人在线协作；6. 工具箱；7. 地形编辑器；8. 一键效果；9. 实时运行；10. 一键发布。

上一位分享嘉宾李老师在最后说到元宇宙就是"一个ID去改变另一个ID"的时候，我一下就想到Roblox，在Roblox的世界里每个人都有一个唯一的身份ID，青少年可能用这个虚拟世界的ID反过来改变真实世界的ID，会让他们很不一样。且在过往的案例中，也不乏有一个ID改变另一个ID的真实案例。

最核心的还是它的物理引擎、协同创作以及工具箱。全球九百多万的开发者每天都在不断地创建很多三维的素材上传到工具箱。每个创造者都有一个唯一的ID，登录到Studio里面，然后在联网的情况之下，可以在工具箱里用英文搜索出海量的三维素材，以便于更容易地进行基础的三位空间的搭建。也就是说基础搭建的门槛降低，孩子们可以更大胆地去想象。

再来就是它的"地形编辑器"，可以一键生成，极大地提升了创作效率，并且有很多的效果是不需要写代码，一键就可以实现的。另外，它可以实时地进行"运行"，所以，我们可以一边创作，一边运行，一边调整，这对于我们青少年的创作和学习也会是一个非常好的功能。

元宇宙时代，有另一个说法就是Web3.0时代，基于三维空间的开发，比Web2.0多了一维。它的底层有六大支撑技术，整个是由六层的结构构成，并且在里面可以用到四大工具作为抓手。Roblox本身在整个元宇宙六大支撑技术当中，除了物联网技术没有覆盖，其他在区块链、网络运算、人工智能、电子游戏和交互领域全部都有覆盖。

从“结构层面”上来看，Roblox更多的是在应用层，可以进行数字化生产以及数字化生存。

从“物理层面”上来看，目前国内的VR还有待发展，但是在国外，其实Roblox开发出来的很多作品人们已经可以戴上特制的眼镜来体验了。

从“工具层面”来看，支撑元宇宙的工具主要是这几个方向，即游戏引擎、数字孪生、数字原生和虚实相生。在我今天介绍之前，大家可能知道Unity、虚幻这些游戏开发引擎，但是很少有人知道Roblox Studio这个引擎，大家不妨去了解一下。它可以用低代码的方式做数字原生，同时里边可以完成建模和仿真，因为内置着物理引擎。

我刚才对Roblox的起源以及它的Studio编辑器是怎样帮助我们构建一个元宇宙进行了简单的介绍，接下来我要讲讲Roblox是怎样和我们的青少年教育进行结合的。总的来说，其实是以STEM+PBL的方式来进行结合，激发青少年的想象力和创造力，提升青少年的认知力，通过虚拟再生、虚拟创造的过程，提升孩子对现实世界的认知深度。

2021年5月，我们在川渝地区正式成立了罗布世界/终生创造者青少年社区。我们在川渝地区做了非常多的数字艺术节，开展了各种各样的线下活动。总的来说，是希望以Roblox Studio罗布乐思编辑器这个三维创作工具为抓手，以某一个主题，比如说航空航天模拟、科幻内容二次虚拟的三维空间的创作等，让我们的青少年能组队在一起进行创作。创作之后，孩子们所做的作品可以一键发布到平台上获得真实的流量和数据反馈，这样他们可以不断地对自己所创作的作品进行优化。刚才有一位老师说他小时候学历史，是从一款游戏当中找到了历史的场景感，可能原来只能作为一个旁观者对这个作品进行体验，而现在如果有了罗布乐思编辑器的话，就能真正成为一个创造者，可以自己动手去还原历史。我相信青少年用这样一种以自己动手为主、以输出倒逼输入的方式进行学习，学习会更有主动性，也能培养自己独立解决问题的能力和有条理、有规划地去做事的能力，更重要的是他们会通过这样的过程，学会如何与他人协作。

除了以上的课程、营地、活动以外，每一年我们都会举办青少年创作大赛，给他们提供更多的舞台让他们去展示自己的想法和作品，让青少年之间展开更多的交流，更早地去为自己的想法发声。未来五年我们会看到，有更多的青少年会向我们展示，然后我们会发现：原来每一个孩子都是有创造力的天才，只不过他们过去缺了Roblox Studio罗布乐思编辑器这样的抓手为他们所用。

接下来我以一个具体的案例结束今天的分享。因为目前罗布世界RLC社区主要是在川渝地区，大家知道在四川，都江堰是非常有名的水利工程，它在一定程度上改变了这个地方的气候条件，让这个地方变成天府之国。大家可以猜一猜这个作品是几位多大年龄的同学在一起花了多长的时间把都江堰水利工程用Roblox Studio还原出来的。我来剧透一下，现在看到的还原作品是五位十二岁到十三岁的青少年在学习了两天编辑器的操作后，用了大半天的时间就把整个地形给还原出来了。

其实这个作品里还有很多小细节，比如，里面放了一个李冰的NPC（非玩家角色）进行对话，甚至图里把都江堰水利工程里的自然景观——飞沙堰的飞沙效果通过编辑器都实现了出来。可能大家看到的时候觉得这么复杂，他们是怎么用大半天时间做到的。如果大家很惊讶，就说明这个编辑器对我们青少年来说非常友好。我们也欢迎很多大朋友来体验我们的编辑器。最后，我再给大家更直观地看一下这个作品，我们制作了一个短视频，大家可以快速地浏览一下。随后大家如果感兴趣，可以到“罗布世界”的视频号进行了解。

元宇宙是一个虚拟社会，这个虚拟社会有非常多的数字基建还有待我们去做，这个数字基建就像我们在现实生活当中盖房子一样，是需要我们掌握盖房子的手艺的。用一句更接地气的话来说，在未来的五年之内，罗布世界的RLC社区希望把罗布乐思编辑器向更多的青少年推广，带领他们去掌握一门元宇宙时代的手艺，让他们不论奔赴星辰大海，还是走遍元宇宙都不怕。

今天的分享就是这些，谢谢大家。

地方教育治理论坛

教育新政要落地，必须依靠地方教育管理机构的努力。对于地方教育管理机构来说，如何理解教育新政？在推动教育新政落地的过程中，地方教育管理机构有哪些挑战？在建设高质量教育体系的实践中，地方政府有哪些经验？

召集人：汤敏（国务院参事，友成企业家扶贫基金会常务副理事长，中国教育三十人论坛成员）

施文龙

上海市奉贤区教育局局长

激活学校：区县教育治理的关键路径

党的十八届三中全会通过的《中共中央关于全面深化改革若干重大问题的决定》明确全面深化改革的总目标是完善和发展中国特色社会主义制度，首次提出推进国家治理体系和治理能力现代化的改革目标。党的十九届四中全会通过的《中共中央关于坚持和完善中国特色社会主义制度　推进国家治理体系和治理能力现代化若干重大问题的决定》，提出坚持和完善中国特色社会主义制度、推进国家治理体系和治理能力现代化的总体目标是，到我们党成立一百年时，在各方面制度更加成熟更加定型上取得明显成效；到二〇三五年，各方面制度更加完善，基本实现国家治理体系和治理能力现代化；到新中国成立一百年时，全面实现国家治理体系和治理能力现代化，使中国特色社会主义制度更加巩固、优越性充分展现。

今天，中国教育三十人论坛第八届年会专题探讨地方教育治理，是把准了教育发展的关键策略。地方教育治理尤其是区县教育治理，是国家教育法规政策落到基层一线学校、教师和课堂的关键“二传手”。“二传手”是排球运动中的术语，是指接对方来球后专门担任第二次传球组织进攻的队员，其作用远不止“二传手”字面意义上简单的第二次传球。一个球队战术质量、技术水平的优劣高低，除了全队球员技术发挥和配合程度外，在很大程度上取决于“二传手”的战术水平及组织才能，“二传手”起到组织进攻的作用，被称为“场上的灵魂”。我们国家的教育法规政策能否传达到教育教学一线，能否在教师的教育教学实践中有效地贯彻落实，区县教育治理这个“二传手”的能力水平很关键，从这个意义上来看，区县教育治理体系的现代化则显得更为重要。

一、关于区县教育治理体系

（一）区县教育治理体系的三大系统

1. 组织领导与价值引领系统：主要包括区县教育组织领导的机构设置和运行机制、区县教育发展的目标定位和规划计划等。比如，区委教育工作领导小组、区政府教育督导委员会、区委教育工委和教育局是我们奉贤区教育的主要领导机构，我们区在2015年教育综改方案中提出了建设“自然、活力、和润”的南上海品质教育区，在2021年《奉贤教育事业发展“十四五”规划》中提出了推进新成长教育、追求教育的高品质发展的目标定位。

2. 教育教学创新推进系统：主要包括推进区域内学校教育教学创新实践、学校优质均衡发展、学校师资队伍建设、学校评价激励机制等。

3. 基本建设与经费保障系统：主要包括区县教育资源的规划布局、基本建设和财政经费的预决算保障等。

（二）区县教育治理的关键路径：激活学校

我们要激发每一所学校的发展活力，而学校的主体是教师和学生，所以我们必须重视激发每一个教师的专业活力和每一个学生的成长活力。学校、教师、学生这三者是一个不可分割的整体，在这里，我们统称为“激活学校”。

二、激活学校的四项主要策略

（一）学校评价激活

1. 基础性评价：必须建立对学校的基础性、综合性评价激励机制，基础性评价是对学校工作的常态化评价，是评价的基本正餐，重在督促学校做好常态化基础性工作。比如，一年一度的“新成长教育奖”评价激励机制。

2. 特色性评价：应该建立促进学校自主创新特色发展和学生全面发展、多元成长的重要成果的评价激励机制，重在激发学校自主创新特色发展的活力。

3. 人本化评价：基于满意度调研的学校评价，比如，学生七彩成长满意度、教师乐业育人满意度、家长满意度等调研，重在引导学校树立以人为本的管理理念。

（二）资源投入激活

坚持基础性投入保均衡、个性化投入育特色。我们创设了促进学校自主、创新、特色发展的“品牌计划”，自主申报、评估立项、靶向投入、过程管理、评价认定。

（三）教师专业激活

1. 骨干名优激励：我们实施卓越教师培养工程，建立覆盖所有学段、学科、学校的五级梯队骨干名优教师培养激励机制。

2. 乡镇教师保障：实施乡镇教师支持计划，为乡镇教师在上下班通勤、职称晋升、待遇保障、荣誉激励等方面建立全面的倾斜机制，让乡镇学校的教师招得进、留得住，促进乡镇教师的专业发展。

3. 岗位聘任激活：2019 年实施全员岗位聘任，激发每一个教职工的岗位责任意识，让合适的人在合适的岗位上。2021年推出义务教育学校教师校际流动机制，将在义务教育同一学校连续任教满十年的教师纳入全区校际教师流动计划，让教师在有序流动中焕发职业活力，以流动促进师资配置的科学化。

（四）学生成长激活

1. 个性特长激活：我们建立了特长学生表彰机制，在每年的学生活动节会表彰校园达人。

2. 榜样引领激活：我们建立了优秀毕业生表彰机制，每年对优秀的高三毕业生、中职毕业生授予“世贤学子”荣誉称号并隆重表彰，激励学生不断积极进取、勇攀高峰。同时，号召全区学生以“世贤学子”为榜样，向善、向上、尚美、创造。

3. 活动平台激活：我们创设了学生活动节、暑期系列文艺展演和体育比赛、重走红色之路和开启世界之窗研学实践活动等，让学生在多样的活动中焕发成长的活力。

三、完善区县教育治理体系的三点思考

1. 要坚持系统思维，实现区县教育治理体系的整体大于部分之和。

2. 如何做到既“放活”又“管好”？要突破一管就死、一放就乱的怪圈，实现放出学校活力、管好规范质量。

3. 要做到“四个好”，提高“四个力”。好的理念、好的机制、好的队伍、好的落实，缺一不可。要着力提高教育行政和服务部门的理念规划力、机制创新力、队伍建设力和推动落实力。

谢谢大家！

明建平

天津市和平区教育局党委书记、局长

法治领导力：区域教育治理的关键能力

尊敬的各位同仁：

大家上午好！

很荣幸能在这个平台上与专家、同仁们进行交流学习。和平区是天津市最核心的行政区，是天津的政治、文化、教育、医疗、金融、商贸中心。中国近代看天津，天津历史看和平。和平区基础教育几十年领跑天津，天津最好的高中、最好的初中、最好的小学和最好的幼儿园都在和平区。当然，和平区也是房价最高的区。

为什么谈法治领导力这个话题？依法治国是当下的政治要求，是热门话题，也是主流意识。但是，教育领域的诸多法律法规并没有发挥应有作用，依法治理在教育领域还存在很大差距，依法治教、依法行政的路还很漫长。我们必须一起努力，一起改变。

为什么法治是区域教育治理的必然选择？治理有人治、德治和法治，人数很少时，目之所及都是自己的人，人治足矣。带领一个小团体，大家都愿追随有德之人，以德治理也问题不大。但是一个大队伍、一个大区域、一个国家的治理，就需要法治。靠人人讲德行，靠人人有觉悟，靠人治、靠德治是靠不住的，依法治理是必然选择。区域教育是一项复杂的系统工程，一个区域的学校数量很大，教师、学生、学生家长规模巨大，教育领域的利益相关方众多，涉及的上下级、平级部门很多，需要协调的关系比较复杂，涉及教育、孩子的话题高度敏感，凭个人威望、管理经验进行治理很难，必须依靠法治。因此，法治领导力是区域教育治理的关键能力。

什么是区域教育的法治领导力？简单地说，就是对一个区域的教育进行依法治理的领导能力。依法治教不是局长、校长一个人的事，他们只是依法治教的领导者，依法治教是需要一把手带领所有相关人员特别是干部一起走依法治理的道路。区域教育的依法治理是一件很专业的事，需要组织领导，需要学习法律，需要懂得教育。可以说法治领导力是一个区域教育领头人和干部必须具备的关键能力。

如何看待教育依法治理的现状？应该说，教育领域的法治还在路上，离目标还比较遥远。法律不健全、有法不依、靠权管理、人情管理、经验管理等现象比比皆是。但是，我们也要看到国家的决心，进入新时代，我国教育“四梁八柱”的法律体系基本建立，教育领域的依法治理进入“全面施工内部装修”阶段。国家有关部门进一步修订了《中华人民共和国未成年人保护法》《中华人民共和国教育法》等多部法律，最近正在修订《中华人民共和国教师法》。《中华人民共和国家庭教育促进法》的出台，把“家事”变为“国事”。除了教育法律法规的修订，还出台了《深化新时代教育评价改革总体方案》《教育部等八部门关于进一步激发中小学办学活力的若干意见》等一系列改革文件，规格高、要求高、操作性强，加快教育治理体系和治理能力现代化。可以说，教育领域的法治化建设已进入良性发展新轨道，我们要充满信心。

区域教育要实现现代化，治理现代化的标志就是依法治理，依法治理才能最终实现善治。必须将依法治校、简政放权、管办评分离、现代学校制度、以人为本、教育公平等理念有机整合。法治领导力作为教育治理的关键能力，具有引领性、规范性、基础性、保障性的重要地位和作用。在此，我结合近年来和平区教育的探索实践，有几点思考与大家分享。

一、以法治领导力为引领，厚植教育治理的文化底蕴

一个区域教育的现代化，应该体现在文化之治、理念之治上，应该体现自由、平等、公正、法治等社会主义核心价值观。教育文化的构建要遵循法律的义务性与禁止性规范，要坚持目标导向与问题导向。坚持目标导向就是要凸显“培养什么人、怎样培养人、为谁培养人”的法律规范和制度要求，要体现党的教育方针，要突出“保障未成年人合法权益，促进未成年人德智体美劳全面发展、健康成长”等立法目标。坚持问题导向就是要对任何妨害学生身心发展的违法乱象保持清醒，对任何背离立德树人育人目标的违法现象保持高度警惕，要始终保持文化自省。

区域教育核心理念是居于统领性的文化要素，是区域教育文化的核心和灵魂。和平区系统构建了“智慧教育，奠基未来”的区域教育文化理念，教育的最终目的是启迪学生的智慧，为每个孩子的终身发展奠基。这一理念遵循教育规律和人才成长规律，与党的教育方针、学生权益保护相关法律法规高度契合，同时正面回应了“唯分数论”等损害学生权益的问题。各校积极探索把区域教育理念融入学校育人实践，提升依法治校的文化自觉。

二、以法治领导力为准绳，完善教育治理的结构体系

教育治理现代化要求学校必须自主办学、科学管理、民主监督和社会

参与，这一切都依赖于建立一整套科学的体制机制和完善的结构体系，而法治是制度之治最基本、最稳定、最可靠的保障。我们面临的大环境正在发生巨大变化，人民群众的民主意识、法治意识和权利意识日益增强，对教育公平、制度公正和受教育权高度关注。同时，教育评价中的“五唯”问题，学校办学活力不足问题，教育管理中的越位、缺位、错位、不到位问题，“双减”下学校、教师与家长的角色定位等问题，需要从根本上用法治厘清关系、划定边界、保障到位。近日，河南省封丘县三十余名师生餐后呕吐腹泻，校长痛哭称换不动送餐公司成为网民热议的话题。校长是校园食品安全的第一责任人，竟然换不了送餐公司！学校在办学自主权弱化的情况下，自然难以兼顾学生的教育选择权。

教育管理改革的重要目标就是把政府对学校的管理必须从微观管理、直接管理转向宏观管理、间接管理，切实做到权从法出、权依法使、权由法管。这就要求我们必须加快构建政府依法行政、学校依法办学、教师依法执教、社会依法支持和参与教育治理的教育发展新格局。自主办学必须守法依章，依法治校是区域教育治理的基本要求。一方面学校要与政府保持积极互动，明确双方可支配的权力清单和责任清单制度；另一方面，学校要坚持党的领导，主动接受行政监管，牢固树立依法办事的理念，规范权力运行，健全权利保障和救济机制，真正用好办学自主权。

和平区教育以法治领导力为准绳，持续深化“放管服”改革，进一步明晰教育行政部门和学校的职责边界，用制度减少一切不必要的行政介入，加快建立新型政校关系。统筹规范督查检查考核与社会事务进校园工作，整合规范各类会议，坚持“周二、周五无会日制度”，切实减轻基层负担，综合运用服务标准化、教育信息化等现代治理手段，真正让学校自主办学、释放活力。将“双减”工作与深化新时代教育评价改革一体推动，研究出台近四十个指向学校办学质量、教师育人质量和学生发展质量的改革文件，作业设计、校本教研、课堂教学等指导性文件引领学校提质增效。

三、以法治领导力为基础，提升区域教育治理的能力水平

法治领导力就是运用法治思维和法治方式行使行政权力的能力，法治思维的核心是权利义务观念，法治方式即通过法定程序使党的主张、党的教育方针和政策落地落实。提高法治领导力，就是要提高运用法治思维和法治方式深化改革、推动发展、化解矛盾、维护稳定的能力。

在开展教育活动中，各利益主体间不可避免会发生矛盾和利益冲突。比如：部分学生家长不通过合法途径解决纠纷，而是将“校闹”作为家校博弈手段，逼迫校方做出让步，让教师胆战心寒，不敢正常管教学生，干扰了正常教学秩序，直接受伤的是教师，最终受害的是学生。当前，学生在校意外伤害、非正常死亡等校园安全事故并非个案，社会普遍关注，且一旦被恶意炒作，事发学校一定会被推到“风口浪尖”，甚至会严重影响学校正常的教育教学工作。这些案件令人痛心，也暴露出学校干部师生法治意识不强、安全防控体系不健全、应急处突能力不足、家校责任不明晰及学生法制教育等深层次问题。只有不断提升法治领导力，把各项教育工作纳入法治化轨道，实现治理制度化、规范化、程序化，才能避免让学校承担“无限责任”，才能最终实现区域教育治理现代化。

提高法治领导力，首先要抓住领导干部这个“关键少数”，领导干部要善于通过依法治校、章程建设，将法治理念转化为学校的制度、文化，领导干部法治意识、法治能力强，依法治校、区域教育治理就能顺利推进。在区域教育治理体系中，治理主体是多元的，要特别关注教师、学生、家长等传统管理体制没有给予足够重视的治理主体，提高他们的法治

思维和依法办事能力，使他们能够准确把握权利与义务、民主与法治、教育与惩戒的平衡。

区域教育治理的本质是多元共治、是民主参与。和平区通过建立校务委员会、教育议事会、教代会、家委会及学生自治组织，完善教师聘任、管理、奖惩考核等制度，高度关注未成年学生身心健康和受教育权益，强化家庭教育，不断拓宽各类群体参与学校工作的途径和渠道，从而形成科学决策、高效执行、民主监督、多元参与和利益仲裁等机制，维护相关主体的实体性权利，落实立德树人的根本任务，实现办人民满意的教育的目标。

各位同仁，法治与改革，是鸟之双翼、车之两轮。实现区域教育治理现代化是一项长期复杂的系统工程，需要我们提升法治领导力，推进教育改革，逐步破解深层次问题，为我国基础教育高质量发展贡献智慧与力量。

以上是我的汇报，谢谢大家！

杨 华

内蒙古乌兰浩特市教育局三级调研员

教育信息化助推区域教育高质量发展

——“乔布斯之问”背后逻辑的思考与探究

党的十九届五中全会通过的《中共中央关于制定国民经济和社会发展第十四个五年规划和二〇三五年远景目标的建议》明确了“建设高质量教育体系”的政策导向和目标任务。建设高质量教育体系，是“十四五”时期推动高质量发展的内在要求。2021年教育部、中央网信办等六部门又联合发布了《教育部等六部门关于推进教育新型基础设施建设 构建高质量教育支撑体系的指导意见》(以下简称《教育新基建》)。

如果说“十四五”规划是教育高质量发展的动员令，则《教育新基建》就是教育高质量发展的路线图，而这张路线图中又布满了教育信息化的“节点”，甚至可以说《教育新基建》通篇就是推动教育信息化的战略决策和工作部署。文件中明确指出，《教育新基建》是以新发展理念为引领，以信息化为主导，面向教育高质量发展需要，聚焦信息网络、平台体系、数字资源、智慧校园、创新应用、可信安全等方面的新型基础设施体系。《教育新基建》是国家新基建的重要组成部分，是信息化时代教育变革的牵引力量，是加快推进教育现代化、建设教育强国的战略举措。

教育信息化不仅是教育高质量发展的推动力量、牵引力量、内生动力。因为教育信息化就是教育高质量发展的“题中之义”，也就是我们经常说的没有教育信息化就没有教育现代化，就更谈不上教育高质量发展了。

“信息技术对教育具有革命性的影响，必须予以高度重视”，教育信息化的重要程度早在2010年7月29日正式发布的《国家中长期教育改革和发展规划纲要（2010—2020年）》中就明确提出，但今天的现实是“信息化应用于教育教学领域所带来的发展和影响，远远落后于其他领域”。也就是经典的“乔布斯之问”：为什么计算机改变了几乎所有领域，却唯独对学校教育的影响小得令人吃惊？虽然我们经历了新冠肺炎疫情的冲击，教育经历了停课不停学的考验，这期间教育信息技术发挥了巨大作用。我们因此可以说“乔布斯之问”已经解决或不存在了吗？我认为没有！因为信息技术在停课不停学的过程中只是起到了“替代”的作用，其作用只是形式上的改变，普遍的现象是教师变成了“主播”，教学从“线下”搬到了“线上”，原有的教学结构模式不光没有改变，而且信息技术对传统教育教学模式甚至起到了“固化”“强化”的作用。这也再一次验证了2011年9月时任美国联邦教育部部长的邓肯对为什么有“乔布斯之问”所给出的一种答案，“原因在于技术没有使教育发生结构性的改变”。

今天在这非常短的时间内，我不想讲教育信息化如何推进教育高质量发展，因为《教育新基建》已经要求得非常清楚了。我也不想占用大家过多的时间介绍乌兰浩特市近些年来重视教育信息化的一些经验做法。我只想追问、探究“乔布斯之问”背后的逻辑是什么，以期引起大家对教育信息技术的高度重视，扭转目前教育信息化作用被低估的局面，进而促进教育高质量发展。最近我读《翻转式学习》这本书时有一句话印象很深刻，“观看世界的唯一有效办法是透过理性或逻辑的镜片”。我认为造成“乔布斯之问”这一现象的原因是多方面的，既有教育内在本质的深刻影响，又有外在的人们对信息技术作用于教育的认识与理解。教育内在本质的深刻影响决定了教育不同于其他领域受信息技术影响之大，即教育的本质是造成“乔布斯之问”的决定性因素。

习近平总书记在全国教育大会上指出，“新时代教师的任务是塑造灵魂、塑造生命、塑造新人”。教育不仅是传递知识，而且是影响、唤醒与激励，更是健全人格的塑造与对美好生命意义的培育。这“塑造”是需要温度的，是有社会属性和人文意义的，是身教胜于言教的。这些都不是“技术”所能替代的！这正如《教育未来简史》中讲到的，“我们相信现代课堂的中坚力量——堪比最强大的技术和杀手级应用——是一位充满激情，对学习的追求孜孜不倦，对审美、伦理和道德有坚定的信念的教师”。因此，我认为“乔布斯之问”并不是教育在信息化时代落后的“标签”，它恰恰表明了教育超脱于其他行业的“物”与“技”的层面，是精神与思想特质最突出的行业，也是教师之所以被称为“人类灵魂工程师”的缘故。

目前或今后相当长的一段时间内，虽然教育信息技术不能给教育教学带来结构性变革，但在教育信息技术的支持下传统的教育教学模式已经发生改变，带来了教育质量提升的“拐点”。不过，在目前的教育教学活动中，教育信息技术的作用还存在被低估的现实。大部分教师也仅仅是体验到了教育信息化给自己备课和教学带来的便利，而没有认识到教育信息化在促进学生创新思维能力培养方面具有的更大作用。这也是造成“乔布斯之问”的外在原因，教育信息技术作用被低估，并不在于教育信息技术本身，而在于教育背后的理论与思想。打个比方说，虽然现代化交通工具有汽车，但是我有“安步以当车”的理念，那我出行就可以不考虑选择汽车了。进一步说我们只体会到了信息技术本身给我们带来的备课、讲课方面的便利性，而没有深刻认识到教育教学理论或学习理论丰富后，对信息技术需求的迫切性，也没有深刻理解到现在的学生作为数字化的新一代，他们的认知方式和思维方式发生改变后，对信息技术需求的迫切性。也就是说信息技术在教育上的应用，绝不仅仅是技术能给我们带来什么，而更重要的是我们的教育在内涵发展和人才培养上需要信息技术解决什么问题，以及如何解决这些问题。那么，教育高质量发展最重要的问题也是最需要解决的问题是什么？我认为是实现个性化培养与规模化教育的有机结合，以促进学生个性成长与全面发展。而促进学生个性成长的前提，是发现与挖掘学生的个性潜能。而这恰恰是最难的，无论是教师、家长还是学生本人对学生个性潜能到底在哪个方面都把握不准。

《翻转式学习》的作者阿克夫讲了一个非常经典的故事：

我还是一个年轻的物理学教授时，曾经很努力地讲授了一系列激励人心的课程。我讲的这些内容都是经过精心设计，以使选修我这科入门课程的本科生产生动力去学一门大部分学生觉得既难学又枯燥的课程。有一天有位高年级学生来到我的办公室，说要跟我谈谈。他说："你把我的生活给毁了。"他说这话时，语气中透出来一种与其说是愤怒，不如说是悲哀的情绪。我问道："这是怎么回事？"他回答："我上大一时，选了你的课。你把物理学讲得那么妙趣横生，我才决定选物理学作为专业。直到上了高年级，我才意识到自己实际上对这个科目兴趣不大，我的才能和目标是在别的方面。就是因为你，我的整个大学时光都给浪费了。"

为了发现或挖掘学生的个性潜能，我们亟须对教育信息化赋能。《教育新基建》重点方向中的第六条明确了这一任务，"依托空间汇聚各类终端、应用和服务产生的数据，为教育教学改革提供支撑，促进规模化教育与个性化培养有机结合"。

什么是"依托空间汇聚各类终端、应用和服务产生的数据"？教育信息化可以提供技术支撑，不仅能采集到学生的考试成绩、作业练习等数据，还可以采集到学生的学习行为数据、日常生活数据，甚至可以采集到学生的情感数据，通过平台对这些来自日常学习生活的点点滴滴积累形成的“大数据”进行科学“算法”，能够精准地分析、判断出学生学习的优缺点，这对我们发现和挖掘学生的个性潜能提供精准的参考依据。

以上是教育需要技术帮助解决的问题。那么接下来，学生的个性潜能如何培养？当然是要靠教育千百年来的一条经典原则：因材施教。而教育信息化又恰恰为因材施教实现规模化赋能。

在传统的教育教学活动中，教师与学生之间的个性互动几乎是完全通过“面对面”的交流完成的，但教师没有“三头六臂”，很难做到对几十名学生进行全方位指导。而现今的情形是绝大多数信息和交流都可以用数字形式呈现和进行，同时国家教育资源平台又能为师生提供优质资源满足个性化成长的需要。这就是《教育新基建》重点方向中第八条所要求的那样“升级资源搜索引擎，通过平台模式为师生提供海量的优质资源和精准的资源服务。”教师可以帮助学生制订线上学习计划，合理选择平台资源，学生则根据自身的学习情况，主动做好知识与能力的补足与强化学习。

教育信息化作为教育系统性变革的内生变量，其作用是深刻的。教育信息平台上丰富的优质资源支撑教师在教学中进行“有机组合”“创造加工”“重构”“创新”，赋能课堂教学。国家资源平台上“一课一名师、一师一优课”为教师教学和学生学习提供可选择、借鉴的精品课程。

实事求是地讲，现阶段我们的教育信息化的软硬件条件还没有达到以上的要求，但《教育新基建》的任务目标是2025年完成。2025年离我们还远吗？我们等肯定是等不来的，等待只能让时间白白流失，目标与任务还是达不到、完不成。

事实上，教育信息化不仅是为我们擘画了教育高质量发展的美好蓝图，而且已经在实践中助推了教育教学多样化，带来了教育教学质量提升的“拐点”。

21世纪初启动的新课改大力倡导自主、合作、探究的学习方式。《中国教育现代化2035》提出创新人才培养方式，推行启发式、探究式、参与式、合作式等教学方式。今天的《教育新基建》要求普及新技术条件下混合式、合作式、体验式、探究式等教学方式，探索新型教学方式。几份文件对教学方式的提法虽然不尽相同，但思想是一致的，总的概括来说就是提倡多样化的教学方式，而不是数百年来形成的、至今仍占统治地位的单一的讲授法。我本人并不认为讲授法不好，其实只要“有意义”，讲授法与其他任何教学方法一样，效率就难分伯仲。所谓“有意义”，就是教师在讲授过程中能够提出问题，能够精辟揭示事物之间的内在联系，引导学生积极思考，学到分析问题和解决问题的观点和方法。

所以，目前中小学课堂教学备受诟病的并不是讲授法本身，而是单一的教学方式和讲授法的过度使用。事实上，单一的教学方式也不符合学生的心理特点，他们好奇心强，喜欢丰富多彩。“多样化的教学方式，能潜移默化地拓展学习者的体验和期望。”

教育信息技术支持的微课和翻转教学，为实现教学方式的多样化提供了实践范例。微课突破了传统单一教学理念和模式，是实现教学方式多样化的基本单元；翻转课堂把传统课堂教学从“先教后学”翻转成“先学后教”的结构性变革是实现教学方式多样化的基本方略。微课可以让学生利用生活中的碎片时间随时随地地进行碎片化学习，其性质是自主学习；翻转课堂的理论支撑是建构主义学习理论，其本质是相信学生能够自主进行知识的建构。微课、翻转课堂改变了教学单一的讲授模式，实现了教学方式多样化带来的教育质量提升的拐点。

以上是我从教育高质量发展的两份顶层设计文件谈起，以“乔布斯之问”背后的逻辑作为切入点，既强调了2025年实现《教育新基建》的目标的美好与任务的迫切，又提供了教育教学质量提升的实践范例。

可以说，谁扭转了目前教育信息技术作用被低估的局面，谁抢占《教育新基建》的先机，谁就步入了教育高质量发展的正确轨道。

我就讲这些，有不当之处，敬请批评指正。谢谢大家！

刘大伟

南京市雨花台区教育局副局长

好作业设计：概况、分析及建议

各位领导、各位嘉宾、各位教育同仁：

大家上午好！“双减”政策实施以来，南京市雨花台区教育局开展了“雨花好作业”设计的制约因素及化解策略研究，以区域中小学作业设计中的现状与问题为研究的出发点，以减轻学生过重的作业负担、提升作业效能为目的，指导教师通过选编、改编、创编设计出目标精准、结构合理、难度适中、符合学生年龄特点和学习规律、体现作业育人导向的“雨花好作业”，以小切口推动教育大治理的不断深入。今天我以一个普通雨花教育人的身份对研究中开展的《好作业设计问卷调查》做一个简要的反馈。反馈总共分为问卷概况、问卷分析、改进建议三个部分。

我们进行了一次调查，调查对象为小学教师、初中教师，问卷内容分为两大部分，第一部分为教师基本信息，第二部分为教师作业设计的理念、现状、困惑、学校管理等方面。共计回收小学教师有效问卷1466份，初中教师有效问卷639份，合计2105份（3288人）。

参加本次问卷调查的教师中，男教师占比17.4%，女教师占比82.6%。女教师明显多于男教师。参与本次问卷调查的教师中，中小学各个学习段的任教人数相当，分布较为均匀。其次，在教龄上，五年内教龄以及五到十四年教龄的教师占比相对较高，区域中小学教师整体上较为年轻。从任教学科上看，小学语文、数学、英语三门课程的教师占了总样本的78.7%。中学涉及纸笔测试的学科占比82.5%。

从作业的设计、布置，到评价反馈，这是好作业整体设计缺一不可的环节。接下来，我们着重分析我区中小学教师作业设计、认知作业设计的现状及在任教学科、任教年段、教龄上的差异，力图把握当前教师作业设计的理念、意识、能力状况，剖析制约好作业设计的关键要素，提出好作业设计的可行性策略，为“双减”的深化落实提供可能性。

从设计理念上看，我区教师在作业主要功能上的观点基本一致，分别有74.3%的小学教师和78.3%的初中教师选择A，即对课堂知识的巩固和强化。当问到对“成功的作业设计”的关注点时，分别有35.6%的小学教师和45.8%的初中教师选择B，作业的实践性，即作业的实用功能。其他选项中小学教师的关注点较为平均，初中教师对趣味性的认可度最低。我们特别设计了三道与单元作业设计有关的题目，我们发现教师普遍认可单元作业，但对其功能认为首要考虑的是基础与综合相结合。而当我们问到“您认为学生作业达不到提高学科素养的目标的主要原因”时，分别有79.2%的小学教师和72.7%的初中教师选择“学生眼高手低，完成作业不认真，态度不端正”和“学生对作业目的不了解，机械完成作业”，分别有15.9%和11.3%的教师选择了C和D，即绝大多数教师都认为作业的完成情况不好，原因在学生身上。

总而言之，教师对作业的理解表征为一种“知识技能中心”教学观。很多教师认为作业是课堂教学的延伸，以独立完成的方式来巩固学生的知识，而巩固知识有利于学习成绩的提高。教师过于强调巩固性作业的影响，对作业其他方面的功能考虑得不多。

我们设计了一系列有关教师作业设计现状的问题，试图为“双减”背景下教师的作业设计描像。我们会发现，关于作业内容的来源，A、B两项合计占比分别达61.1%和60.7%，即对大多数教师而言，作业“设计”更多是作业“布置”，缺乏自主设计与创新，自主创编作业的比例分别是16%和13%；而在问到“双减”政策出台前后对作业的安排时，我们发现教师的变化还是较大的，说明我区教师对于“双减”的了解和认知程度还是较高的，从问卷中其他试题也可以印证这一点。一部分教师认为自己在“布置”作业的形式上发生了比较大的变化，也有一定数量的教师认为自己“减负”的方法比较简单粗暴，即减少作业量。在问到“双减”焦虑来源的时候，39.2%的初中教师选择B，担心学生的自律性；26.9%的小学教师选择A，担心学生学不到位。担心作业少导致成绩落后的初中教师明显多于小学教师，说明考试的压力是一种真实的存在。

可以说，教师在设计作业的过程中存在着质量不高、针对性不强的现状。教师习惯于采用“拿来主义”的方式用课本上现成的练习作业等来布置作业。教师能够自主、自觉地设计本学科的日常作业的比例不高，教师原创设计作业的意识、动力和能力都不强。同时，我们也应当看到，“双减”对区内教师的触动是很大的，通过问卷我们看到许多教师的作业设计意识在改变，对作业设计的培训需求、对作业设计能力增长的渴求是明确的。

在调查中，我们还发现教师对“作业分层”问题有一致的追求与困扰。第一，从设计层面看，教师认为作业分层是非常有必要的，但是分别有73%和66.8%的教师选择D，缺乏分层设计的能力。第二，从布置层面看，教师认为分层布置是很重要的，但是分别有75.9%和76.8%的教师选择C，因为学生之间的差异，作业布置时存在困扰。第三，从评价层面看，教师认为分层作业是有效的，但是34.4%的小学教师选择B，作业分层布置了，批阅和反馈又存在现实困难。初中教师对于作业分层批阅也有困扰，但是有41.5%的初中教师认为本身缺乏时间进行二次反馈。

总的来说，教师的作业设计缺乏专业的深度加工与系统设计，教师亟须作业设计的专项指导，明确基本要求、指导实践路径、形成有效评价机制。教师作业设计的重要制约因素反映在“两力”上：能力与精力。

最后，是差异分析。我们在分析时也发现了一些有趣的现象：不同性别的教师对于“双减”政策中作业规定的了解程度存在差异，男性教师的均值评价略高于女性教师；不同教龄的教师，在对作业规定的了解这个问题上，教龄越短，了解程度越高；在对单元整体作业设计的重视程度上，教龄为十五年到三十年的比教龄在五年以内的更高。在给学生布置作业自己是否会先做一遍这个问题的回答上，教龄五年以内的教师答“是”的比例多于其他教龄的教师。

我们提出以下改进的建议。

建议一：与时俱进更新作业理念。

教师应塑造以学生发展为中心的作业理念。从某种意义上讲，教师是学生智力发展的动力机制，是学生人格特征生成的基本条件。教师要为学生提供开放性、发展性的作业体系，引导和激发学生的学习兴趣，提升学生的学习效能，作业设计应当具备挑战可能的进阶性。

建议二：建构分层作业设计体系。

分层作业设计体系是指根据学生个性、能力差异选择不同层次的有针对性的作业，同时辅以分层评价与辅导，使不同层次的学生获得最大限度发展的一种作业设计形态。分层作业设计体系的建构，需要教师以学生的本真性发展为理念指引，通过深入研究学生的实际情况进行科学分层，在此基础之上为不同层次的学生设计差异化的作业，提供有针对性、及时性的作业反馈与辅导。

建议三：建立素养导向的作业评价机制。

为充分发挥作业的价值效用，有必要建立以核心素养为导向的更综合、更平衡的作业评价机制，促使作业走向理解与生成。这种机制的建立，首先，教师应树立学生发展为本的作业评价观，实现由重视作业的“量”到重视作业的“质”、由追求“分数”到关注育人的转变。其次，教师还应注重作业评价主体的多元协同。传统的作业评价，强调教师的绝对控制权，而学生成为绝对“他者”。实际上，作业的评价过程需要多元主体的协同参与，通过对话与协商实现意义的心理建构。最后，充分发挥作业评价的综合性功能，实现作业育人的价值旨归。

此外，好作业的设计策略，还要从宏观和微观两个层面考虑。宏观上，教育行政部门要加强作业管理工作的顶层设计，教研部门与学校应给出好作业设计的实施策略和达成路径。微观上，可以进一步划分教师、学生、作业三个维度。从教师角度来看，教师应树立正确的作业设计理念。从学生角度来看，可以设计作业自评，这种主体评价更有利于帮助学生建立正确的自我意识。在作业这一层面，作业形式、作业时间、作业分层、作业反馈等都是当前需要关注的话题，可以进行相关研究。

以上是我对“好作业设计问卷调查”的简要汇报。我们还陆续开展了专项视导、调研座谈等活动，挖掘了区内一批在作业设计上有特色的教师、一批有管理特色的学校，并在此基础上开展“雨花好作业”的推进行动，凝练出“雨花好作业”的十二字核心内涵：育人为本、适切为先、进阶为要。

感谢各位领导、各位嘉宾、各位同仁的聆听。

李从华

江西省赣州市石城县教育科技体育局局长

新时代“双减”背景下教育高质量发展的思考与探索

习近平总书记强调，教育是国之大计、党之大计，要从党和国家事业发展全局的高度，坚守为党育人、为国育才，把立德树人融入思想道德教育、文化知识教育、社会实践教育各环节，贯穿基础教育、职业教育、高等教育各领域，体现到学科体系、教学体系、教材体系、管理体系建设各方面，培根铸魂、启智润心。对群众反映强烈的突出问题，对打着教育旗号侵害群众利益的行为，要紧盯不放，坚决改到位、改彻底。

“双减”政策的出台，正是党中央、国务院从为党育人、为国育才的战略高度，坚持以人民为中心的教育理念，克服功利化、短视化教育行为，为落实立德树人根本任务，发展素质教育，保障每个儿童的健康成长做出的重大决策。实施“双减”政策，不仅是对我国教育格局的重大调整，更是教育观念的大变革。我们可以从以下几个方面来理解“双减”：

第一，“双减”是我国基础教育领域的大改革，是一次系统、深入且持久的改革，不同于以往任何一次的教育教学改革。培训机构的治理仅仅是这次改革的浅层面，改革最终的落脚点和发力点仍在学校教育。“双减”要求全体教育人以教育教学理念的革新、学校日常管理的优化、学校服务质量的提升来提供更为丰富的教育产品，满足人民群众更加美好的教育需求。“双减”是以学生减负作为一个“小切口”来撬动国家基础教育的大变革、大调整。

第二，“双减”改革重塑基础教育新格局。“双减”改革正在凝聚育人共识的新格局，重塑公益教育的新格局，建构教育公平的新格局，重建教育体系的新格局，重构学校教育的新格局，重构教育治理的新格局。

第三，“双减”改革呼唤学校教育大变革。统筹推进课堂、作业与课后服务改革；统筹推进校内外开放育人体系建设；统筹推进家校协同育人共同体建设；统筹推进学校育人方式改革；统筹推进评价改革；统筹推进学校课程变革。

作为地方的教育工作者，我们不能消极地等待、观望，应该与中央的重大决策部署并线前行，主动融入“双减”大潮，全面审视我们当下的教育管理问题，提前做出调整和改变。

基于此，我们石城县结合当下教育新形势新要求和“双减”工作要求，提出了新时代教育高质量发展“35444”目标思路。我向大家汇报交流一下，有不当之处，敬请各位专家和同仁批评指正。

第一，把握方向，明确“三个目标”。一是办能培养大师的教育；二是办有文化的教育；三是育能引领世界、担当中华民族伟大复兴重任的时代新人。

第二，与时俱进，突出“五个重点”。一是个性化方向；二是内涵式发展；三是开放式办学；四是家校式共育；五是精细化管理。

第三，抓住关键，打造“四有好老师”。即打造习近平总书记提出的“有理想信念，有道德情操，有扎实学识，有仁爱之心”的“四有好老师”队伍。

第四，确保效果，培育“四好学生”。一是身体好；二是思想好；三是学业好，培养精品；四是气质好，培养极品。

第五，明晰路径，用好“四个手段”。一是用最先进的理论武装人，即用习近平新时代中国特色社会主义思想武装师生；二是用最先进的文化和文明成果熏陶人，即用中华优秀传统文化、红色革命文化和社会主义先进文化，以及哲学、自然科学、社会科学最前沿的文明成果熏陶师生；三是用最先进的育人途径锻造人，即综合实践；四是用最先进的技术手段培养人，即人工智能、大数据、教育信息化。

“凡事预则立，不预则废。”这些目标思路，如何落地呢？地方党委、政府和教育主管部门，学校与校长，教师与学生，家长和社会都应该参与其中，各司其职。

第一，地方党委、政府和教育主管部门应该如何做？

一是全面加强党对教育工作的领导，牢牢把握教育高质量发展的正确方向；二是深化教育体制机制改革，破除与新时代教育高质量发展不相适应的体制机制障碍；三是全面补齐短板，加大学校建设力度，合理布局学校网点，彻底消除“大班额”“大校额”，解决教师队伍总量不足、结构不均衡、总体素质不高等问题，实现教育优质均衡发展；四是切实提高中小学教师待遇，在全社会营造尊师重教的浓厚氛围。

第二，学校和校长应该怎么干？

一是要更新教育理念，创新学校管理，完善激励措施，引领教师专业化发展，去行政化，不断增强教师的获得感、安全感和幸福感；二是外引内联，实现课内课后、线上线下等优质教育资源整合，结成教育联盟体、协作体，不求为我所有，但求为我所用；三是坚持“走出去与请进来”相结合，在重视国培、省培的基础上，更重视市本、县本、校本教师培训，切实提高育人本领和教学水平；四是加强师德师风教育及考核评价，不断提升师德水平，增强教师的职业荣誉感和无私奉献意识。

第三，教师与学生应该如何做？

一是加强思想政治教育和安全健康教育，守住意识形态安全和学生身心健康的底线；二是在减轻作业负担的基础上，推广大阅读，更好适应高考新方向，加强与写作相结合的读写训练，提升师生的语文素养和人文情怀；三是充分利用生命科学的最新成果，教会学生记忆的方法，提升学习效果；四是加强学生兴趣特长的培养，培养全面发展有个性的学生，提倡个性化教育。

第四，家长与社会层面应该怎么做？

古人云："养不教，父之过。"家长应该担负起教育后代的责任。当前"双减"背景下，更体现了家庭教育的重要性。2021年10月23日，《中华人民共和国家庭教育促进法》正式通过，家长不能再当孩子教育的"甩手掌柜"。"双减"之后，家庭教育更要及时补位。一是言传身教，做孩子尊师重教的榜样，以实际行动支持学校和教师开展有益学生身心发展的工作。二是率先垂范，当好孩子健康成长的引路人，引导孩子树立正确的世界观、人生观、价值观。三是勤于学习，为孩子树立标杆，在家庭中营造浓厚的学习氛围，带领孩子向书本学习、向生活学习、向社会学习。四是善于引导，努力学习家教知识，对待孩子做到关心关爱不溺爱，注重培养孩子健全的人格。

第五，如何发挥教育评价"指挥棒"作用？

2020年10月，中共中央、国务院印发了《深化新时代教育评价改革总体方案》，从顶层为教育事业发展设立了教育评价"指挥棒"，希望经过五至十年的努力，各级党委和政府科学履职水平明显提高，各级各类学校立德树人落实机制更加完善，引导教师潜心育人的评价制度更加健全，促进学生全面发展的评价办法更加多元，社会选人用人方式更加科学。到2035年，基本形成富有时代特征、彰显中国特色、体现世界水平的教育评价体系。在当前“双减”背景下，如何全面、客观地对教师和学生进行评价，显得更为重要。一是强化教师评价，对教师的师德师风、教育教学方式和质量等方面细化评价细则，促使教师成长和发展。二是细化学生综合素养评价。坚持“五育并举”，广泛开展研究性学习、劳动技术教育、社区服务、社会实践，让学生联系社会实际，通过亲身体验进行学习，积累经验，培养创新精神、实践能力和终身学习的能力。加强从学科素养、综合实践对学生进行评价，促进学生全面发展。三是加强教育督导评价。对照总体方案，坚决做到“十不得，一严禁”，对各项规章制度进行全面纠错清零，做到令行禁止。

下一步，我县将着力抓好两件事：一是打造“双减”工作综合管理平台，将“五项管理”、课后延时服务、假期托管服务、校外培训机构监管、学生综合实践、学生综合素养成长档案等融入其中，全面推动信息技术与教育教学深度融合，助力“双减”落地见效。二是定期开展行政、督导、师训、教研综合研判会，形成闭环推进教育教学质量提升的有效机制。

“路漫漫其修远兮，吾将上下而求索”。新时代“双减”政策的落地见效，必将迎来中国教育事业高质量跨越式发展。作为新时代的地方教育工作者，我们将不断探索完善地方教育治理体系，为办人民群众满意的教育，早日实现教育强国梦和中华民族伟大复兴的中国梦贡献应有力量。

梁 斌

甘肃省平凉市静宁县教育局局长

办好新形势下温度、深度、高度并举的地方基础教育

尊敬的各位专家、各位嘉宾、各位同仁：

大家好！我来自甘肃省平凉市静宁县，很荣幸参加中国教育三十人论坛第八届年会的地方教育治理论坛，聆听各位嘉宾和各位同仁的演讲发言，我深受教育启迪。借此机会，我和大家交流三个话题。

一、提高教育的“温度”，我们一直在努力

静宁县位于甘肃省中部，是农业大县、苹果之乡，曾属国家扶贫开发工作重点县、六盘山片区特困地区和甘肃省十八个深度贫困县之一，2020年退出贫困县序列，2021年被确定为国家乡村振兴重点帮扶县。全县现有各级各类学校455所，在校学生6.99万名，教职工6900多名，师生人数占全县总人口的1/6。

作为曾经的国家级贫困县，严酷的自然条件、薄弱的财政基础，使全县教育发展面临投入不充足、师资结构不合理、城乡质量不均衡、乡村教育体系不健全、学生家庭贫困面大、留守儿童多等重重困难。“再穷不能

穷教育，穷县也要办大教育”。正是基于这样的现实，更新理念、狠抓教育、改变贫困落后面貌，成为全县上下多年积淀形成的集体共识，融入静宁人的精神血脉。近年来，我们积极争取项目资金，实施农村学前教育推进工程，实现了有需求的行政村幼儿园全覆盖；实施义务教育均衡发展工程，确保了每一名适龄儿童少年就近有学上；实施普通高中教育质量提质工程，使一大批贫困家庭子女进入高等院校学习；实施职业教育提升工程，培养了一批本土技能人才，助推了县域产业转型升级和贫困家庭脱贫致富。

在推动教育发展的实践中，我们始终把保障每一名学生享受公平、优质的教育资源作为出发点，使他们完成学业、掌握知识、改变命运、致富家庭、造福社会。自恢复高考以来，全县累计近十二万名学子考入大中专院校，城乡居民每户均有一名大中专以上大学生，每名学子依托教育走出大山、走向更加广阔的天地，改变了环境，改变了命运。让教育的“雨露”浸润每一个家庭，让教育的“温度”感染更多的学子，这是我们教育发展的初心，更是我们矢志不渝的追求。

二、把准教育的“深度”，我们一直在思考

教育是培根铸魂的事业，事关“国之大者”。习近平总书记曾指出，“教育不平衡不充分问题，跟区域发展不平衡不充分密切相关。我们应该通过提升中西部教育水平来促进中西部经济社会发展，通过解决教育不平衡带动解决其他方面的不平衡”。

客观分析，对于西部欠发达地区县域基础教育而言，教育不平衡不充分的问题在短时间内解决压力很大、任务艰巨。我们不得不面对几个现实问题：一是人民群众对教育需求已从“上好学”转变为“学而优”，期盼更优质的教育，致使城镇学校人满为患、乡村学校生源减少，乡村小规模学校逐年增加，形成了新的教育资源结构性矛盾。二是受经济、地理位置等条件的限制，县域学校引进优秀教育人才难上加难，对西部欠发达地区教育发展带来严峻挑战。同时，由生源变化形成的城乡师资力量分布不均的问题也在不断凸显。三是信息化背景下教育设施设备的配置仍然不足，新技术的推广应用仍然相对滞后，还有很大提升空间。四是家长普遍对学校教育的诉求带有功利性，一方面希望孩子身心健康、快乐幸福，另一方面担心孩子输在竞争的起跑线上，导致学校教育与家庭教育协同方面还有偏差。所有这些，直接或间接地汇集成社会性教育焦虑。

如何办好新形势下的县域基础教育？如何化解、消除社会性教育焦虑？如何把教育事业办成幸福事业？人民群众对更加公平、更高质量、更富有特色教育的强烈渴求和不平衡、不充分的教育发展之间的矛盾需要我们广大教育工作者千方百计去破解。

三、追求教育的“高度”，我们一直在奋斗

教育是百年大计，更是“国之大计、党之大计”，在国家治理体系中具有基础性、战略性、全局性、先导性的重要作用。在促进“脱贫攻坚”与乡村振兴有效衔接，向着第二个百年奋斗目标迈进的新形势下，夯实基础、促进公平、提高质量、化解焦虑，在较长一段时间内仍是县域教育治理的主旋律和亟须破解的关键点，也是政府、学校、家庭、社会的共同责任，需通过不同层面、不同维度予以解决。

我们从资源配置上化解家长的教育焦虑，着力改善办学条件，创新办学方式。充分把握城乡生源变化趋势，持续增加城区学位供给，精准补齐乡村教育短板，尽最大努力缩小城乡教育差距。优化乡村教育要素组合，

因地制宜实施“六三”制、“五四”制、“3+2”幼小一体五年制等灵活的办学形式，减少教育资源浪费，确保规模教学前提下学生的全面发展，弥补学生缺失的同伴教育。探索实施“一校+多校”集团化办学模式，以城带乡、城乡互融，办好乡村群众满意的乡村学校，助推县域教育质量整体提升。我们通过教育教学实践，更加深刻认识到：信息技术打破了地域教育资源的限制，改变了教育的治理方式，深入实施“互联网+教育”，开发集教育管理、学校自主办学、社会公众服务、数据采集于一体的县级教育管理公共服务平台，探索人工智能背景下学校课程体系构建、课堂教学开展、城乡资源共享、教师专业发展和学生全面发展的方法路径势在必行。

我们从学生发展上化解家长的教育焦虑，回归教育教学本位，规范办学行为。著名教育家乌申斯基在其著作《人是教育的对象》一书中指出：“如果教育学希望从一切方面去教育人，那么它就必须首先也从一切方面去理解人”。学校不光是学生学习的场所，还应该是学生施展自己的兴趣、爱好和天赋的平台。学生期望被关注。我们要尊重学生作为“人”的丰富性，我们还围绕“五育”并举开足开齐国家课程，规范教育教学管理，保障学生平等接受教育的权利。我们严格落实“双减”政策，提高课堂教学质量，优化作业设计，严控作业数量，切实减轻学生课业负担，关心帮助学习困难的学生，保护学生的合法权益。另外，我们还加大考试招生制度改革力度，在普通高中招生上严格落实学业成绩+综合素质评价的录取办法，适当提高综合素质评价占比，让更多有特长的学生进入普通高中学习，进而减轻家长的升学焦虑。

我们从人力资源上化解家长的教育焦虑，坚持“引培管用”协同，建强师资队伍。在完善教育人才引进支持体系、优化人才发展环境、增强岗位吸引力的基础上，我们严格教师准入，确保优秀教育人才引得进、留得住。我们全面实施“优师”计划，唤醒教师自我成长意识，建立推行精准挖掘、重点培养、动态管理、作用发挥的链条式教师队伍和校长队伍培优模式，帮助教师实现“二次成长”，“让优秀的人培养更优秀的人”。另外，近年来，国家、省级层面出台了教师支教帮扶、轮岗交流等方面的经费保障政策，对于经济欠发达地区来说，教师在县域内、校际的合理流动，扩大优秀师资覆盖面，有助于推动城乡教育的一体化优质均衡发展。

我们从家校协同上化解家长的教育焦虑，高度重视家庭教育，强化共建共育。我们认为《家庭教育促进法》实现了家庭教育由过去以家规、家训、家书为载体的传统模式，向以法治为引领和驱动、以社会主义核心价值观为主要内容、以立德树人为根本任务的新模式迭代升级，将家庭教育由传统“家事”上升为新时代的重要“国事”。在这个背景下，我们建立、健全并充分发挥家长培训学校的作用，使之成为与学生沟通、融合学校教育和家庭教育、为孩子传递教育正能量的主渠道。我们加强法律宣传教育，开展专题报告、走校巡讲，组织家长参加“道德教育”“和谐教育”等交流活动，引导家长规范家庭教育，做到家校携手、协同育人。

办好人民满意的教育，我们一直在路上，一直在奔跑。作为基层一线的教育工作者，我们定将正道直行、守正创新，办好新形势下有温度、有深度、有高度的基础教育，为地方经济社会高质量发展贡献力量。

以上发言不妥之处，敬请批评指正。

谢谢大家！

幸福教育论坛

“不忘初心，为人民谋幸福”，这是党和国家的神圣使命和庄严承诺；追求幸福美好生活，也是每个人应有的权利和责任。世人都如此重视教育，但放眼全球、反思当下，教育促进了师生、家长的幸福吗？教育该如何更有效地促进人生幸福？如何超越简单的“快乐教育”，追求“不断向上向善的心安”？

召集人：

文东茅（北京大学教育学院教授，中国教育发展战略学会副会长，中国教育三十人论坛成员，“初心幸福教育之家”发起人）

主持人：

文东茅（北京大学教育学院教授，中国教育发展战略学会副会长，中国教育三十人论坛成员，“初心幸福教育之家”发起人）

王嘉颖（北京大学教育学院幸福教育科研助理）

陈必春

广州市长兴中学副校长

立志长兴　点石成金

——教育就是一路向心

尊敬的文教授、各位专家、各位同行：

大家好！我是广州市长兴中学副校长陈必春，很荣幸能代表广州市长兴中学在这里发言。我汇报的主题是《立志长兴　点石成金》，敬请大家批评指正。在此，特别感谢文教授长期以来对我校的关心、帮助和支持！

广州市长兴中学创办于1999年，地处城乡接合部，是一所公办初级中学。由于生源结构差异较大等历史原因，学校的发展曾一度处于低谷。当时，学校最优秀的教师也看不到希望，没有信心。周边的居民和学生家长一提到长兴中学也只是摇头。

为了满足人民群众对优质教育资源的渴望，2012年天河区教育局调整了学校领导班子，以陈瑞同志为校长的新一届领导班子开始了创办“优质学校”的积极探索。经过全校师生几年的艰苦奋斗，学校发生了翻天覆地的变化，校容校貌焕然一新，师生阳光自信，教育教学质量显著提升。我校多次在天河区教育系统大会上做经验汇报和承办德育现场会，全国各地的同行来校参观，络绎不绝，还获得了“广州市义务教育阶段特色学校”。现在，周边的居民和学生家长一提到长兴中学纷纷点头称赞。华南师范大学林天伦教授称赞长兴人具有“把不可能的事情变成可能”的精神；华南师范大学谢明初教授与广州市教研院胡志桥主任不约而同地认为我校师生十分优秀，“不比任何名校差”；广州市天河区教育局副局长王建辉高度地表扬了我校是“小天地办大教育”；原中国教育学会副会长、广东基础教育领军人物吴颖民先生赞赏我校“以生为本，尊重学生，创新教育‘留白’”。

究竟是什么样的原因让我校发生了如此大的变化？下面，我向大家一一道来。

一、顶层设计、文化引领

反者道之动，弱者道之用。我国古代哲学家告诉我们凡事皆有内在规律。教育的意义在于让学生正确认识自己、他人、自然和社会，并能与他人、自然、社会和谐相处，从而形成持续快乐（幸福）的能力，成为德智体美劳全面发展的、快乐幸福的人。

在教育专家的引领下，依据“优质学校”的价值导向、学校地域的自然环境和文化特点，学校领导班子对学校文化进行了系统的、科学的顶层设计，确立了“取山水精华，育智慧公民”的办学理念和“打造水石文化，实施阳光教育”的办学思路，提出了“制度建校、文化立校、情感强校”的办学措施，形成了“要创造适合师生发展的环境，让学生享受教育”的幸福教育观，以及“实现教育最大的公平”的幸福教学观和“经典浸润人生、活动锤炼生命、体艺科技彰显个性”的幸福课程观。以立志教育、幸福教育为抓手，把长兴中学办成一所不挑生源的“老百姓家门口的优质学校”，让不同家庭背景的学生都能享受到高质量的教育。

“水为生命之源，石为大地之基。水石相融，各美其美。石为山之魂，水有柔之美，刚柔相济，相得益彰。仁者乐山，智者乐水。石之魂，炼刚毅儿郎；水之美，育贤良淑女。待来日，数风流人物，看我长兴。”陈瑞校长的《水石情怀》充分体现了其办学的理念和目标，与我校的“一训三风”一脉相承，希望每一个孩子在长兴中学愉快学习、健康成长，做最成功的自己。

二、立志教育、幸福花开

志不立，天下无可成之事。立志而圣，则圣矣，立志而贤，则贤矣。我校坚持开展“立志为首，笃志践行，报效祖国，胸怀天下，做最成功自己”的立志教育活动。陈瑞校长在长兴校门口竖立了一块“他山之石”以明心志——现在要虚心向优秀学校学习，来日要让长兴中学成为其他学校学习的榜样。

若把教育系统比作一架航天飞机，立志就是教育的发动机，知情意行就是芯片，而“三全（全员、全程、全面）”是能源，动力来自“三自（自立、自砺、自励）”“三度（厚度、强度、宽度）”和“三位（自主、合作、激励性评价）”。这是我校立志教育的整体设计理念。我校在立志教育贯穿于初中三年的教育教学活动中，构建了“自立、自砺、自励”的立志教育体系。

立志不定，终不济事。我校的立志教育从规划、形式和内容上都有非常深入的思考。每个学年伊始，学校都会组织心愿瓶活动，让学生把短期目标贴到班级的“心愿树”上，每天提醒自己为目标努力拼搏，把长远志向装入“心愿瓶”中，每学期结束后对照自己的志向和实际调整目标，做到知行合一。

通过“经典伴我行”等活动，让学生读经典、悟经典、践行经典，牵手圣贤，与圣贤对话，“三省吾身”，明确自己的志向。通过开展个人、小组、班级立志，教师、家长、家庭立志和百日誓师活动，让学生学习并分享古圣先贤的立志故事和自己的感悟，在老师的引导下撰写立志卡，增强学生立志的仪式感，为立志注入情感、注入灵魂，坚定志向。

志不求易，事不避难。在陈瑞校长“一切活动皆德育”大课程观的指导下，我校开展了丰富多彩的活动，除了常规的体育节、艺术节和科技节以外，我校还开展了国旗班、校园文化讲解员、班级文化建设等活动，让学生在活动中锤炼生命，在成功与失败中磨炼意志，获得丰富的情感和积极的心态，从而形成坚定前行的人格品质，达到笃志的目的。

在立志的过程中，学生需要不断地反思和激励自己，让自身的长处都会发光。“阳光少年”星级评价从全方位、全员去评价每一位学生，涵盖学生德智体美劳各个方面。学生根据每个星级的评价来肯定自己，在自己喜欢的课程中获得成就感，在同伴、老师和学校那里得到肯定和认可，找到自信，形成积极的心理品质，用积极的心态去迎接困难和挑战，成就最成功的自己！

为了更好地落实立德树人的育人目标，我校参加了广州市天河区立志教育校际联盟行动，从立志班会、立志思政课、立志特色课程、立志教学渗透和立志活动等方面入手，努力培养更多志存高远、德才兼备的优秀人才。

立志教育是我校落实立德树人的首要措施。幸福教育是我校落实立德树人的终极目标。我校深知只有幸福的老师才能唤醒学生幸福的灵魂。为此，我校邀请积极心理教育专家、教授给老师们开展心理培训，鼓励老师们积极报读心理A、B证的学习，组织老师们参加北京大学教育学院文东茅教授发起的《幸福修养课》研讨活动，参加华东师范大学教育教学与课程改革合作项目天河区种子学校活动，开展“幸福课堂大家晒”“向幸福出发”教育教学研讨会等活动，打造一支阳光自信、快乐幸福的教师队伍。我校成为广东省示范性教师教育实践基地。

家庭教育是教育的起点和基点。幸福教育需要有幸福家长的配合和支持。我校定期开展幸福家长学校活动，邀请家庭教育专家给家长们做讲座，优秀学生家长做经验介绍，提升家长们育人的技巧和能力。邀请家长参加学校护学工作、体艺活动、听课评课、建言献策等教育教学活动，充分发挥家长资源，言传身教，共同营造幸福校园，打造幸福教育。

特色课程，激扬生命。我校开展丰富多彩、知行合一的特色课程让学生在活动过程中学会学习、学会做事、学会做人，体验成功与失败，起到了立德树人、润物无声的作用。

经过立志教育、幸福教育，我校师生的精神面貌发生了显著的变化。校园里欢声笑语，师生阳光自信，教育教学捷报频传，社会声誉不断提升，来校参观交流的学校络绎不绝，培养了一批德智体美劳全面发展的优秀人才。

立志长兴，点石成金。广州市长兴中学正走在幸福教育的路上！

谢谢大家的聆听！

郭书广

河南省新郑市崇文中学创办首任校长

崇文健体 知行合一

尊敬的文教授，各位领导、专家、老师们：

大家好！我是河南省新郑市崇文中学校长郭书广，汇报的题目是《崇文健体　知行合一》。

习近平总书记告诫我们“幸福都是奋斗出来的”，北京大学文东茅教授引导我们“幸福是不断向上向善的心安”。

今天是崇文中学建校第1571天。自建校以来，我校一直在努力打造修身为本、幸福学校、幸福家庭的初心幸福教育，不忘初心，共谋幸福。下面从学校文化建设、崇文促知、健体力行、家校一体四个方面进行分享。

一、以文化人

习近平总书记指出：“文化是一个国家、一个民族的灵魂。文化兴国运兴，文化强民族强。没有高度的文化自信，没有文化的繁荣兴盛，就没有中华民族的伟大复兴。”“王阳明的心学正是中国传统文化中的精华，也是增强中国人文化自信的切入点之一。”

我校以王阳明“致良知”思想立校，2018年9月10日，我们在学校阳明广场落成了河南省中小学第一尊王阳明纯铜塑像，把“致良知”“知行合一”思想烙在每位师生的心里。

“以心为本，用生命唤醒生命；全力以赴，办人民幸福教育”是我们崇文人的初心和使命。依据中华优秀传统文化和积极心理学原理我们确定了“导之以正，激扬其高远”的办学理念和“崇文健体，知行合一”的校训；依据社会主义核心价值观和中小学生守则，我们涵育了“不说谎、不抱怨、尽己责、勇担当”的校风；依据“王门四规”，我们确立了“立志、勤学、改过、责善”的学风和“为人师表，达致良知”的教风，凝练出“至真至善、艰苦奋斗、追求卓越”的崇文精神。

立身成败，在于所染。我们精心营造了红色的育人环境，用优秀传统文化、红色精神和社会主义先进文化为学生培根铸魂、启智润心，努力把学生培养成为阳光自信、向上向善、尽责担当，拥有大格局、大境界、大胸怀的新时代少年。

二、崇文促知

子曰：“不知命，无以为君子也；不知礼，无以立也；不知言，无以知人也。”——《论语·尧曰》

（一）知命——立志思政谋幸福

每个人出生都有自己的使命。王阳明先生告诉我们“夫学，莫先于立志。志不立，天下无可成之事。”每年的5月是学校的立志月，5月18日当天师生家长共同立志。从2018年的“静水深流，舒展生命”，到2019年、2020年的“天降大任，唤我心归来”和2021年的“立大志，明大德，成大才，担大任”的立志会，时时砥砺“为中国人民谋幸福，为中华民族谋复兴，为世界和平与发展而读书”的崇文之志。

为了点燃、唤醒学生，时时笃志，我们坚持每日小思政课。利用每天上午、下午第一节课前三分钟，给学生播放时政励志小视频，教育学生爱党爱国爱社会主义，培养学生正心、正念、正思维。

幸福是一种能力，为此学校开展了丰富多彩的幸福教育活动，如每日放学前的幸福小班会、春季的艺术节、夏季的泼水节、秋季的朗诵会、冬季红歌比赛等，让师生在活动中感受幸福，培养创造幸福的能力。

（二）知礼——“三个一百”工程促幸福

清华大学彭林教授认为，道德的培养主要是经由对情感的“礼乐教化”而非理性的认知训练。为了培养学生身、心、灵的统一，我校2021年全方位实施“三个一百”工程。

1. 学习欣赏一百首乐曲

孟子曰：“仁言不如仁声之入人深也，善政不如善教之得民也。”我们提出初中三年学习欣赏一百首乐曲计划，每周一曲，每天中午音乐老师通过广播对全校学生进行指导，要求人人会熟练唱《国歌》《没有共产党就没有新中国》《歌唱祖国》《中国男儿》《毕业歌》等乐曲。

2. 品鉴一百件艺术作品

“书画颂盛世，艺术铸丰碑”。每学年学校都举办书画展，并邀请本地书画家到校讲课、展示才艺；借助信息化科技平台让学生在校园内欣赏艺术作品，如雕塑、书法作品、名画等，希望学生在艺术熏陶中修身养性，培养自尊自信、理性平和、积极向上的心态。

3. 参与一百场讲座和座谈会

以高人为伍，与智者同行。每个孩子在崇文三年，要参加一百场讲座和座谈会。借助每月名人大讲堂活动，目前我们先后邀请了近五十位名人到校讲座，还有外籍教师到校进行文化交流活动。在文东茅教授的支持下，每年都有北大学子到我校进行为期一周的支教活动。

（三）知言——经典修心致幸福

“为天地立心，为生民立命，为往圣继绝学，为万世开太平”，圣人的思想与智慧就藏在经典之中。我们从经典中汲取幸福的力量。

读原文，悟原理，知行合一，用生命唤醒生命。师生共读经典，每天早上读书修心。入班前，我和知行社的孩子们在王阳明雕像前共读《四书译注》《传习录》等经典书籍。入班后，师生共读《论语》《大学》《中庸》《道德经》等经典，用中华传统文化唤醒孩子内心潜藏的力量。

久久为功，每日十分钟经典读书修心，让很多孩子变化巨大。七五班的司想同学在日志中这样写道："非常荣幸能和校长一起读书，四十多天的时间里，我发生了一些变化：我的心上有了力量，虽然不能和圣人比，但在同龄人之中，我已经算是出类拔萃，但我并不安于现状。每个人的心中都有无尽的宝藏，这段时间里，我立下了考取北大的志向，虽然我现在的实力还远远不够，但我相信，只要我坚持不懈就一定会成功。"最后她这样写道："我想感谢郭校长，是您每天陪我一起读书，我敢说没有一个学校的领导能像您一样，请允许我向您表示衷心的感谢，进入崇文中学是我人生最大幸事之一。一入崇文终不悔，来世还做崇文人。"

家长、教师共读一本书。我们在教师和家长中开展共读中华经典、当代教育名著的学习分享活动。已经共读的书目有《正面管教》《醒来》《幸福的方法》《明朝一哥王阳明》《少有人走的路》《文化自信与民族复兴》等。坚持书写幸福日志、线上打卡学习，线上线下多种方式交流分享。如"学以成人""幸福家庭，可学而至""亲师同学，共助成长"等，每次读书会家长都积极参与，热情满满。千人共读《论语》，每天阅读打卡，修心致幸福，每月进行读书分享交流会，正是"心"时代"心"教育，父母"心"成长，孩子"心"幸福。

三、健体力行

"文明其思想，野蛮其体魄。人之心力与体力合行一事，事未有难成者。”我们每学期都会开展学生军训、校长杯篮球赛、足球联赛、拔河比赛、健体日、趣味运动会和班级劳动试验田等活动。尤其是今年我们积极落实国家“双减”政策，启动“2+2+1+×”幸福体育工程，即每周两节体育基础课、每天两个最美大课间、每周一节体育技能特长课和丰富多彩的体育社团，使学生在兴趣盎然中享受团结紧张、严肃活泼的幸福校园生活，培养德智体美劳全面发展的社会主义建设者和接班人。

四、家校一体

1.共建家文化

同频共振者赢。我们不仅倡导家校共读一本书，同时，每学期初还举行“校风即家风”活动，每年春节后举行“晒家风亮家训”活动，倡导每周末举行幸福家庭会议。每年评出三十个幸福家庭。

2.亲师志愿团

开设家校共育系列课程，邀请家长志愿者走进课堂、辅导社团、参与学校活动与管理，活成孩子最好的榜样，最终打造家校命运共同体。

3.每年一家访

每年定期举行家校链接活动，确保每生每年至少一次入户家访。同时，我们还开展了家长互访活动，邀请了北大学子走进孩子们的家庭，与孩子和家长面对面交流，心与心连接。

各位校长、老师，教育就是一种氛围，就是一种气场。我们正通过营造向上向善的初心幸福教育氛围，努力打造家庭学校社会命运共同体，努力实现“致良知、致天下、致幸福”的办学愿景。希望能为中华民族伟大复兴贡献我们崇文的力量。

宫世元

河北省三河市燕灵路小学班主任

幸福亲师 家校同行

——燕灵路小学“亲师同学计划”的探索之路

尊敬的各位嘉宾、各位老师：

上午好！

非常荣幸能有这样的机会与各位介绍和分享燕灵路小学在“亲师同学计划”方面进行的初步探索与实践活动。

“亲师同学计划”是我校幸福教育理念的重要体现。2020年10月，我校尝试开展这项活动，并确立四个试点班级落地实践。

经过一年多的开展，我们的“亲师同学计划”实践活动已初步形成固有模式，也得到了家长、学生的认可，在家庭教育和家校沟通方面都起到了重要作用。2021年寒假亲师计划与孝悌节活动一起，在全校推广。今年11月初，我们在原来试点班的基础上，又增设了六个“亲师同学计划重点班”，为我校的幸福教育体系注入了新的活力。

下面我从三个方面分享亲师践行的具体做法、心得以及我们的思考，希望得到各位的建议与指导。

一、幸福亲师，探索实践

发起倡议，达成共识

为推动计划落地，学校通过公众号以及利用班级微信群，倡议家长和孩子一起学习，争做孩子的“明师”“人生导师”，并建议试点班级成立“亲师同学互助小组”。

在倡议书中，对亲师小组的规模、学习内容等方面都进行了详细要求。参与的家庭大多具有良好的阅读氛围、学习氛围，支持国学经典文化的学习与传播，而且家长有一定的时间。

倡议发出后，得到了家长的积极响应，当班主任老师打电话与大致符合要求的家庭一对一沟通时，大家都纷纷表示愿意加入亲师小组中来。

制订方案，学习明理

“亲师同学互助小组”成立后，由班主任引领，家长与孩子们民主协商，制订小组共学计划，确定学习形式，安排学习内容。在活动初始阶段，班主任的带动很重要，每天进行共读、分享、交流、鼓励，这样会使活动有效开展，避免了形式化。

同学互助，共同成长

“亲师同学互助小组”主要开展以下常规性活动，形成了可持续的学习、互助、成长机制。

第一，经典修心：童蒙养正，根据不同学段建议学习不同内容，低段诵读《孝经》，中段诵读《大学》，高段诵读《论语》。

第二，家长共读：家长共读教育和修身名著，比如《幸福的方法》《终身成长》等。

第三，家庭会议：倡议定期开展家庭会议，鼓励孩子主持会议。推动幸福家庭的建设。分享、民主讨论、制订计划、总结收获、反省不足，会后由全家人签字，共同执行，既有仪式感又有实效性。

第四，综合实践：教育在生活中，生活是教育的源泉。有条件的小组还组织开展了线下实践活动。比如家长和孩子一起开展多种形式的家务劳动、志愿服务，有的学习小组家长带领孩子们到公园共读经典书籍，交流学习心得。班主任老师会制作美篇或小视频进行记录并分享在班级群。

第五，幸福日志：孩子和家长经常会把幸福的瞬间记录在幸福日志里，与组内家庭共读分享。目前，幸福日志采用小组漂流形式，让小组组员间的互动更加密切。

开展亲师共读活动，不仅仅是诵读经典，其实也是在锻炼孩子的表达、组织协调能力。经过一段时间的开展，我们在激励措施方面也进行了探索。如小组长轮流制，提高全体组员的积极性；每周汇总，语音点赞“最美优胜者”；举行隆重的颁奖活动，根据一定的标准评出各类奖项，也可以直接评出一、二、三等奖，在班级和家校沟通群大力表扬，让传统文化逐渐渗透到家校沟通的日常中来。

“亲师同学计划”的践行是既要有倡议，又要有计划、有落实、有跟进、有总结的一个完整的过程，缺少了哪个环节都不能取得良好的成效。

二、幸福亲师，收获喜悦

在学校的引导、老师的引领、家长的配合下，“亲师同学计划”可以用“收获颇丰”来概括。阅读经典，最重要的是内化于心，知行合一，活动开展以来，我们可以看到学生的成长、家长的成长、教师的成长、家校共进。

学生的成长

学生的成长主要体现在两方面，一是学生的学习内驱力增强，知道为什么而学，这是非常可喜的变化；二是品行上、言行上的变化，活泼中又带有文化韵味，即使在平时也会引经据典，更加明理端正。

熙然六年级转学，办完手续后，她妈妈特意打电话给我说，特别希望能和班级的孩子共读下去，现在依然每天坚持在群里共读、交流。她妈妈告诉我，就是这每天的一小步，不知不觉翻过了一座山，而且孩子的知识储备也增加了，经常会引经据典来表达。

再看低年级的孩子，通过“亲师同学计划”活动，更愿意参与到家庭和学校事务中来，俨然是家长和老师的小帮手。我们说的“五育”教育最重要的是要让孩子自学、自主、自发地参与，才算是真正达成目标。

家长的成长

不仅如此，我们也收到了许多家长的反馈，通过参与“亲师同学计划”，很多家庭的家庭氛围更和谐了，在处理亲子冲突的时候，家长也会由原来的简单粗暴变得冷静、温和、坚定了。有的家长在诵读《论语》过程中也收获了对生活的全新感悟。

对于每个家庭来说，这种共读形式已经成为一种快乐，而不是负担。日积月累，家长文化素养有了提升，在经典中开阔思维。

教师的成长

在“亲师同学计划”实践中，我越来越体会到“幸福就是不断向上向善的心安”的含义。要想做好幸福教育，教师要“心有幸福”，唯有幸福的教师，才能提供幸福的教育；唯有幸福的教育，才能创造孩子的幸福生活；唯有师生的幸福生活，才能实现教育的价值。我们的教师，有的与亲人解开了多年的心结，家庭和美；有的在和孩子们共读一段时间之后，师生关系更融洽，班级的凝聚力增强，班风班貌积极向上。总之，教师的精神面貌更加饱满，工作更加热情，这对我们来说就是最幸福的事儿。

家校共进

著名教育家苏霍姆林斯基曾说过：学校教育必须要有家庭教育的配

合，家庭教育既是学校教育的基础，又是学校教育的延续与升华。目前"双减"政策下，我们呼唤和谐的家校协同、家校共进。"亲师同学计划"的实施，影响和带动了父母、孩子的成长，促进了亲子交流，使父母成为可亲可敬、可依可靠的"亲"，使成为传道解惑、立德树人的"师"。同时，也使家校关系更上新台阶。我们曾经处理过这样的案例，即使有意见、不合之处，因为有了亲师共读链接，矛盾很快消解。家长志愿团中的许多家长都是"亲师同学计划"小组成员，他们走进课堂、走进学校，积极参与学校事务。可以说，"亲师同学计划"为我们构建家校命运共同体提供了非常好的途径。

三、我们的思考

"亲师同学计划"的实质是学习明理、共同成长，继而相互理解、协同互助！自从"亲师同学计划"在燕灵路小学落地以来，虽然已初见成效，但目前仅靠学校教师的引领、推动还远远不够，仍不足以持续激发更多家长的觉醒与成长。

1. 践行过程中，家长的解读有层次不同，逐渐会有分层，差异化明显。这是需要解决的问题。

2. "双减"政策也已逐渐落地实施，目前教师的压力未减，既要忙教学，又要忙其他各项任务。要将计划全面展开，要全面开展到每个家庭也面临很大问题。家长很忙，要达到家校形成完全的教育共识，还需要时间，需要我们的勇气，需要找到平衡点，更需要我们持续深入地研究。

幸福教育的内涵非常深刻，"亲师同学计划"只是其中的一点点实践，相信在老师们积极参与下，幸福教育一定会收获累累硕果。

感谢您的倾听！期待您的建议和指导！

朱雪晴

浙江省杭州市萧山区银河实验小学督学
新教育研究中心副主任

让每一颗星星在银河中闪光

尊敬的文教授、各位老师：

大家好！我来自银河小学，我分享的题目是《让每一颗星星在银河中闪光》。

新教育，是朱永新教授发起的一项教育实验，已有二十多年的历史。我们学校，就是在新教育的引领下成长起来的学校。仅仅十多年的时间，便从仅有七十六个孩子的私立小学发展到了现在一校多区的教育集团。

每一年，新教育都会聚焦某个领域做深度研究，比如学校文化、教师发展、卓越课程等。我们紧跟步伐，可以说，新教育的研究历程，就是银河小学的行动历程。

我们知道，文化，为学校立魂；文化，就像一轮太阳，照耀学校前进的方向。我们的愿景，就是“让每一颗星星在银河中闪光”。它的意思是：让生活在银河校园的每一个人，能在银河校园里同生共进，实现生命的最优发展，闪耀生命的盈润之光。

今天，我们在这里共话“幸福教育”。我一直在想：什么样的教育，才是幸福的教育？还是先给大家讲个故事吧——

一

这个研究蚱蜢的孩子，叫小袁。他常常会在音乐课和美术课上神秘失踪。原来呀，这孩子一年级就开始训练乒乓球，除了上课，所有的时间都在球馆里。可他毕竟还是个孩子啊，所以，他就利用上课时间抓虫子、躲猫猫……

不过，这种状况到四年级就不再发生了。因为，他渐渐迷上了班里开展的新闻课程，他发现，看报纸比抓虫子还要有意思。

今年暑假，他去山东参加全国中学生乒乓球锦标赛。赛前需要参加文化科目考试。全国未通过的孩子有八十二人。你们猜，小袁考了多少分？满分通过！

参赛期间的小袁，走到哪里都在看报。无论在车上，还是宾馆。每次妈妈去看他问他需要带点什么，他都会说：把前一周所有的报纸一张不落地都带过来！

当然，他的学习更没落下。其他球员嬉戏打闹的时候，他在学习；其他球员清一色手捧手机的时候，他依旧在抓紧时间学习。

他说："打球的人中，我要做学习最好的那一个；学习的人中，我要做打球最好的那一个。"

比赛结束，好消息传来，他进入全国八强，成了国家一级运动员。

学习、打球都优秀，他真的做到了！

是什么，让一个小小的孩子拥有这样的信念？因为他从小就在读世界。读懂了世界，也就读懂了自己的人生目标。

其实，这种信念，来自新闻课程，来自课程的研发者——陈老师。2014年开始，陈老师就带着孩子们，看新闻、说新闻、写新闻。没想到，这样一个课程，竟让连续三届学生不光成绩傲人，还表现出很多共同点：眼界开阔、思想深邃、目标明确、行动持久。这些宝贵的品质，让孩子们看到了更远的自己。

新闻课程，让三届孩子受益匪浅，也让工作二十余年的陈老师找到了自身发展的“第二曲线”。她收获了无数荣誉，还参加了全国教师成长力论坛。她说：课程，让我蜕变！课程，让我感受到了从未有过的幸福！

像陈老师这样的课程，还有很多。近十年，我们一直以“学生需要”为出发点，研发卓越课程。入学课程，让连续十届总计三千多个孩子消除了恐惧，爱上了学校。食育课程，让每一个二年级的孩子学会了做饭，懂得了“吃好，才能学好”的朴素真理。除此之外，学科课程也丰富多彩，有折纸课程、合唱课程、扎染课程和水墨课程等。你们看，这个五年级的孩子从《清明上河图》中得到启示，画了一幅整整六米的长卷，记录了她在学校的快乐时光。她说：“这下好了，无论我走到哪里，都不会把银河小学忘记了。”

课程的丰富性，决定生命的丰富性；课程的卓越性，决定生命的卓越性。

践行新教育卓越课程，让孩子们生动自由地成长着；而通过研发课程，老师们也找到了成长的“第二曲线”，变得越来越自信阳光。我想，师生一起快乐地成长，大概就是幸福教育的样子吧。

二

每两年我们都会举行“感动银河人物”颁奖典礼。这位站在台上领奖的，就是校家委会主任——大家亲昵地叫他“光头陈爸”。

当时，陈爸接过奖杯鲜花，非常感动。他说：“我很荣幸获此殊荣，我永远都是银河人。”

陈爸获此殊荣，可谓实至名归。他任家委会主任期间，尽职尽责，带领家长成了学校教育的同盟军与合伙人。

一方面，家长们为校服采购、食堂陪餐、跑道改建等许多工作奔波忙碌。另一方面，“家长也要持证上岗”成了全体家长的共识。他们在“好父母学院”认真学习的样子，成为一道亮丽的风景。他们觉得，只有家长好好学习，孩子才能天天向上。

2020年，学校承办新教育示范学校开放日活动，全体家委会成员登上舞台，深情述说他们在银河如何当家、如何与孩子们一起成长的故事。

与会的老师们由衷地说："银河家长脸上的笑容，是真实的，是发自肺腑的。"

的确如此。这些年，我们秉持新教育"家校共育"的理念，与全体家长成了最亲密的合伙人。家校之间心意相通、携手同行的感觉，就是幸福的感觉吧。

三

咦，画面上的孩子们排得这么整齐，在向谁敬礼呢？

哦，原来是向我们的韩师傅敬礼啊。不光行礼，这个孩子还送上了一份礼物，原来她把自己看到天蒙蒙亮韩师傅就在修课桌椅的事写成了作文。孩子们说："韩师傅这个修理大王，全心全意为我们服务，太了不起了。"

接过这份礼物，韩师傅笑了，连声说："谢谢，谢谢，孩子们太好了！"

每年寒暑假，银河老师都会给校长写一封信，为学校发展提出真知灼见，这样一直持续了十五年。每个新学期的开始，校长都会点评教师来信，并选出最佳来信。画面上，就是叶校长为最佳来信获得者颁奖的场景。

我想，在这个校园里，能够被发现、被需要、被在乎、被信任，这样的感觉，就是幸福的感觉。

"让每一颗星星在银河中闪光"，就是让生活在银河校园的每一个人，能在银河校园里同生共进，实现生命的最优发展，闪耀生命的盈润之光。

校园，就是一个巨大的"场"。如果，生活在这里的每一个人都能感受到自己是独一无二的、灵动的、舒展的，是被看见、被信任、被鼓舞的，他就常常能生出"我很重要"的感觉。这，就是幸福；这，就是幸福的教育。

深入践行新教育实验的十五年，让我们慢慢相信叶圣陶老先生说的话"教育，是农业"，我们慢慢地学会了以农人的眼光，耐心地等待不同的孩子按照自己的节奏成长。

也因此，我们做了很多我们认为很难，但是值得去做的事——

每周给家长写一封信，持续了十七年。

教师全员家访，持续了十七年。

每位老师给学生写全科评语，持续了十七年。

为孩子们制作电子档案，持续了十五年。很多家长收到这份电子光盘，十分感动，说："等孩子结婚了，要拿它做嫁妆!"

"守住每一个孩子，擦亮每一个日子"，这句朴素的话语，也就成了我们全体银河人的座右铭。

这么多年过去，无论人员更迭，时空变化，以人为本的办学信念始终未变，而正是这种"文化自信"，引领着学校快速发展，得到了家长与社会的高度认可——

2013年，《中小学管理》记者曾蹲点一天，写下了《看见你们的幸福》。

2020年，学校承办全国首届新教育示范学校开放日活动，受到与会三百名校长的高度评价，中国教育电视台还做了专题报道。

尊敬的朱永新老师，更是多次莅临银河小学，夸赞"这是一所真正在做教育的小学"。

教育的艺术不在于传授本领，而在于激发、唤醒与鼓舞。

新教育倡导师生"过一种幸福完整的教育生活"，这种"幸福与完整"，就是基于人的发展，帮助每个人成为更好的自己的教育。

围绕着"让每一颗星星在银河中闪光"的办学愿景，我们一直在努力：努力让教师享受到职业的尊严，让孩子感受到成长的快乐，让学校成为汇聚美好的中心。

"幸福"，是一个珍贵的字眼，是一种美好的体验，是一个很难企及的境界。

"幸福教育"，更是中国教育大变革背景下人民群众最殷切的期待。

未来，我们一定会朝向幸福，继续努力。

付俊华

山东省聊城市冠县斜店乡中学党支部书记、校长

幸福教育　美好人生

尊敬的文教授、各位领导：

大家好！今天非常荣幸和大家分享斜店乡中学幸福教育的做法，不足之处请各位指正。

山东省冠县斜店乡中学现有四十二个教学班，在校生两千两百人，中等规模，是一所非常普通的农村初中。我校距离县城七公里，条件一般，师资一般，生源一般，却从2018年起获得冠县乡镇中考“四连冠”的好成绩，获得山东省“教育系统先进集体”、聊城市“德育工作优秀集体”“第一届市级文明校园”“五四红旗团委”等荣誉称号。一时间，这所名不见经传的农村学校声名鹊起，市内同行纷至沓来、广泛交流。人民日报、新华社、光明日报等国家级媒体到校进行深度采访，市县领导多次莅临，极大地提高了学校知名度，创造了不仅辖区内学生不再流失，而且辖区外学生纷纷慕名求学的办学神话，市县为之瞩目。

一、“幸福教育”落地生根

2018年年初，面对周边学校异军突起、竞争日趋激烈的教育局势，斜店乡中学领导班子坚持以人为本、大胆突破传统管理理念之瓶颈，敢作敢为、善作善为，提出以“幸福”为主题，确立了“131”幸福教育文化，力求让每一位师生都能找到人生幸福的密码。

“1”即一个核心，坚持“幸福教育、美好人生”的办学宗旨；“3”即三个依托，依托教科研促成长，依托级部管理负责制提高管理水平，依托后勤抓好食宿管理提高服务水平；“1”即一个目标，力求实现“安全零事故，成绩创一流”。这样的教育理念方向明确、文化厚重、内涵深邃、掷地有声，旨在培养健康身心、丰盈精神、舒展个性、开阔视野的幸福未来人。

二、“幸福教师”善教善育

没有“幸福的教师”，就没有“幸福的教育”。斜店乡中学高度重视教师发展工作，强化管理，搭建平台，挖掘潜能，形成风格，让教师在尽力从教、乐于从教中获得职业成就感、幸福感。

完善教师管理网络。教师管理制度化，为教师的发展奠定了基础，在制度的引领下教师得到快速成长，在不断地成长中体验到了幸福教育的内涵。一是推行目标化管理。学校建立了由学生个体、学习小组、任课老师、班主任、年级主任、教务处教科室、业务副校长、校长组成的科学管理网络，逐级负责，层层落实，使教学管理逐步走向科学化、规范化、制度化。二是推行定位管理。提高工作效率、决胜未来目标，需要知己知彼，准确定位自己。全县统考后，学校及时做出分析，明确级部名次、教师名次、学生名次，找到各自问题和归属，进而明确下一步奋斗方向，有的放矢、事半功倍地开展工作。

加强教师师德修养。师德是教育的灵魂，教师的品格、品行、品质是高尚师德的体现，教师“三品”只有不断地向上向善发展，教师才能成长，继而享受成长的快乐，从而在高尚师德的引领下享受到幸福教育的真谛。一是举办专题报告会。每学年初，学校都邀请教书育人楷模、模范教师进行专题报告，为教师们答疑解惑，增强全体教师的职业认同感、成长意识、从教信心。二是组织活动，践行师德标准。每学期都组织寻找“最美教师”活动，引导教师践行师德标准，牢记“爱与责任”，争做“四有”教师和“五情”教师。三是组织主题征文活动，分享感动。每学年都要组织主题征文，引导教师发现身边的典型，学习身边的榜样，树立积极的工作心态。四是设立监督问责机制。学校设立师德师风监督举报电话，建立学校、教师、家长、学生“四位一体”的师德师风监督网络，对每位教师的师德师风承诺落实情况和日常师德师风的表现进行监督。

提升教师专业素养。教师专业素养的提升过程就是教师不断成长的过程，教师的成长需要不断吸收外化的东西，继而转化为内在的营养，这个过程就是教师们不断向上向善发展的过程，什么是幸福？幸福就是向上向善的心安！斜店乡中学在提升教师专业素养方面做到了外收内化，使教师们切实感受到幸福教育的魄力：一是强化教学管理。学校坚持组织教师开展教研课、汇报课、示范课、互动课、青年教师成长课、校级优质课等活动，组织教学能手评选活动、老带新跟踪指导活动、教学经验交流活动、语文“五个一”活动、英语“六个一”活动、片区交流活动、市县级培训活动等常规活动，引导教师主动投入教育实践探索，打造专业卓越教师团队。二是促进教师专业成长。学校邀请聊城市教体局教研员到校开展专家讲座，组织部分师生到全国名校参观学习，组织部分教师参加省市培训、观摩市级优质课评选课例，使教师业务水平大幅提高，视野也变得更为开阔。三是改革教学评价。学校实施学科捆绑式考核、捆绑式奖励的评价机制，以此强化教师合作，实现优势互补，落实资源共享，寻求最佳突破方案，从而大面积提高教学水平。

关注教师精神需求。幸福感更多的是一种精神享受，因需要而努力、因努力而发展、因发展而成长、因成长向上向善、因向上向善而满足、因满足而享受、因享受而幸福。教师是一个平凡中孕育伟大、清贫中享受幸福的职业，他们的幸福感更多的是来自精神层面的。因此，学校注重关注教师的精神需求，给予他们更多的鼓励和关怀：关心每一位教职员工的身心健康，及时了解他们在工作和生活上面临的困难，并尽全力解决；积极创造有利条件，搭建发展平台，使他们获得更多的职业幸福感，充满积极向上的正能量；不断改革完善绩效奖励、教学科研奖励、经费管理等激励机制，调动广大教师的工作积极性、主动性、创造性。

在斜店乡中学，幸福教育是实实在在温暖人心的行动：学校坚持每年为全体教师量身定制春秋装和夏装，实现了着装统一，教师的精神面貌大为改观，老师们身着工装穿梭在校园里，心里面暖洋洋的；不仅如此，学校坚持每年为全体教职工定做生日蛋糕，为教职工庆生；学校关爱教师的健康，坚持每年组织全体教职工免费健康体检一次；为满足教师电动车存放和充电的需求，学校安装了高标准充电车棚，在校门外建起了教师停车场，车辆存放整齐划一。学校的这些举动温暖了教师的心，让大家感受到了幸福教育的内涵。

三、“幸福学生”乐学向上

培育幸福的学生是幸福教育的根本宗旨。为促进学生幸福快乐地成长，斜店乡中学坚持以学生为本位，以课程为核心，以特长为突破，以素养为旨归，坚定不移地走在幸福教育之路上。

构建立体化的课程体系。课程学习是学生汲取知识、不断成长的重要途径，相对于教师来说，学生在成长中的幸福感更为突出，他们会因为自己点滴进步而高兴、会因为成长而倍感幸福。学校依据培养目标和学生需求，对现行的国家课程、地方课程和校本课程进行整合重组，形成了“国家课程校本化，突出幸福特色；地方课程系列化，拓展社区资源；学校课程特色化，发展学生个性”的立体课程体系，让每一个学生都能得到最合适的教育。在斜店乡中学，除开设国家课程和地方课程之外，学校还开发了校本课程：书法、象棋、剪纸、声乐、葫芦丝、乒乓球、篮球、武术等，精彩纷呈的社团课程丰富了学生们的学习生活，他们在学习中成长、在成长中体味到幸福教育的涵养。

实施适合的教育策略。学校秉承“让每个孩子享受适合的教育、让每个孩子幸福快乐地成长”的理念，以年级为单位，分为尖刀部、精英部、幸福部三个梯次，因材施教，因人而异，让每个学生得到适合的教育，实现学生个人发展效益最大化。学生的成长关系到千家万户，学校建立了一生一档案，随时记录学生幸福成长的历程：“军令状”“立志书”“挑战书”“考后反思”“成长心得”等见证了学生一点一滴的进步，记录了学生成长的每一个瞬间，老师的关怀、校领导的关注无不彰显出“幸福教育，美好人生”办学理念！

推行多元化活动形式。“学习即生活，成长即幸福”，丰富多彩的活动使学生们的学习生活充满幸福感：学校坚持开展每周一升旗仪式，由政教处组织全体学生在国旗广场集合，学生代表进行国旗下讲话，校领导做出本周工作部署；利用每天上午和下午大课间，以级部为单位组织跑步，级部主任、班主任到场清点人数，跑后集体宣誓，不仅使学生体质得到了锻炼，也使学生的团结协作精神和意志力得到了培养；坚持以人为本的素质教育理念，组织音乐、体育、书法、美术等社团活动，开展经典传唱、艺术活动、运动会、百日誓师活动、读书活动报告会、励志感恩报告会、手抄报、国学小名士评选、宪法学习、先进班集体评选、学生演讲比赛、我和我的祖国快闪、元旦联欢等主题系列活动，既培养了学生的兴趣爱好，丰富了学生的精神生活，又为学生张扬个性提供了广阔的舞台。

完善激励性评价方案。激励性评价是推动学生向上向善发展的动力：一是推行星级评选活动。学校以班级为单位，坚持开展每周班级之星评选活动，如学习之星、劳动之星、进步之星、文明之星等，使学生的自主发挥、自我管理、自我进步能力得到了充分发挥。二是推行校长奖激励。在期中、期末考试后，校长为优异学生颁发校长奖荣誉证书和奖品，并和学生合影留念，以此激发学生更加积极向上学习的动力。

四、“幸福校园”幸福环境

斜店乡中学秉承“幸福教育，美好人生”的办学宗旨，将幸福教育理念贯穿到校园每一处。漫步在斜店乡中学的校园中，环境优雅、温馨舒适，有绿荫婆娑的幸福长廊，有温婉抒情的草地音响，有四季常青的苗圃果园，有爱国主义教育“红色教育基地”等。徜徉其中，师生们随时都可感悟今天的幸福生活！行走于教学楼内，随处能感受到幸福教育的文化氛围：有琳琅满目的长廊文化，有培养学生行为习惯的四字楼顶文化，有中华传统文化相伴的楼梯文化，有翰墨书香的班级文化……文化育人已成为斜店乡中学幸福教育的主打名片。

“幸福教育”是对幸福学习、快乐成长的诠释，决定着一所学校的持续、健康和长足发展。征途漫漫，岁月如歌，不忘天道可酬勤；万象更新，未来如诗，希望催人更奋进。面临新的征途、新的挑战，斜店乡中学将在幸福教育的引领下，以建设“鲁西名校”为目标，用“咬定青山不放松”的韧劲、“燕子筑巢”的耐劲、“不到长城非好汉”的拼劲，携起手来，不忘初心，砥砺前行！

隋红军

北京市海淀区五一小学教育集团校长助理、办公室主任

“幸福素养课程”赋能学校发展

各位领导、各位专家、各位教育同仁：

大家上午好！很高兴能参加这次论坛活动，我来自北京市海淀区五一小学。五一小学是一所致力开展幸福素养教育、办幸福学校、培养幸福孩子的学校。所以这些年，学校的文化、课程、课堂等很多工作都围绕“幸福”展开。今天要与大家交流的是我校“幸福素养课程”的建设实施工作。当前，“双减”工作的推进落实靠什么？学校的课程改革无疑是绕不过去的主要渠道。

幸福素养课程是我校幸福素养教育体系最重要的组成部分。从2009年“为学生的幸福人生奠基”办学理念的提出，到幸福素养课程的建设与实施，至今已有十二年的时间，大致经历了四个时期：办学理念早期的课程化表达期，核心素养时期课程的结构性调整期，跨学科融合背景下课程的国际化推进期，以及目前正处于的五育融通背景下课程结构的整体优化期。

一、以办学理念的课程化表达定位课程顶层设计

我校的办学理念虽然是在2009年提出来的，但实际上早在2004年我校六十周年校庆时，学校育人文化就已经总结提出了“奠基教育”思想。当时，我们有两个核心问题要面对，一个问题是如何深入解析奠基教育的内涵，另一个问题则是要拿什么来奠基。从2004年到2009年，我们历经五年时间的探索，最终想明白了一件事，就是要把“拿什么为学生的幸福人生奠基”作为未来思考与实践的方向。

说来也是巧合，办学理念提出的同一年，我们加入了海淀区“中英学校发展计划合作项目”和“学校文化创建项目”。这两个项目从文化的视角帮助我们深化了对奠基教育内涵和拿什么奠基的研究。2012年，海淀区又率先启动了“课程整合、自主排课”实验项目，我们立刻意识到这个项目的价值，而且因为前期扎实的文化建设基础，所以由理念内涵向课程延伸可谓水到渠成。事实证明，这三个项目的参与，不仅使我们厘清了办学理念与奠基教育思想的关系，而且使我们明确了让办学理念落地生根的就是课程。所以从那时起，“为学生的幸福人生奠基”算是真正成为幸福素养课程的“定盘星”。

对应这一办学理念，早期的幸福素养课程主要有两版。1.0版的课程聚焦于学生的人文、科学、身心、艺术、实践五种幸福素养，形成五个领域，每个领域都包括基础和拓展两类课程，同时设计了综合性学习。2.0版的课程则把五种幸福素养调整为道德、人文、科学、健康、艺术素养，并从各领域中分离出来，融合为独立的课程培养目标，而且将综合性学习固化为五大融合性课程。两版课程相比较，最显著的就是课程目标的变化，2.0版更突出的是对于“育全人”的思考，应当说初步实现了办学理念的课程化表达，成为学校课程早期的顶层设计。

从2009年提出办学理念开始，我们把课程建设与实施作为育人工作

最核心的主线贯穿整个“十二五”，对促进学校发展发挥了巨大的作用，其中三个最显著的变化：

一是课程变了。课程的顶层设计第一次立体地呈现在师生面前。

二是老师变了。他们的课程意识与能力都得到了极大的强化。

三是氛围变了。学校里研究的味道、改革的味道变得浓郁起来。

我们也深刻认识到，课程需要办学理念来准确定位，办学理念需要通过课程更好地落地。学校办学理念的课程化表达，不仅能极大提升教学品质，更会成为推动学校快速发展的引擎。

二、以核心素养的课程化实践推动课程结构性调整

大家知道，2016年《中国学生发展核心素养》的发布标志着核心素养时代的到来。为使核心素养尽快在实践中落地，我们当时也开展了大量工作，组织干部教师学习、研讨，聘请专家指导、论证，用了近一年时间，构建了“幸福素养教育体系”，实现了幸福素养教育从理论内涵思考到实践体系构建的跨越。

这一时期，幸福素养课程围绕核心素养，也进入内容的结构性调整阶段。我们站在“为谁培养人，培养什么人”的视角，认真思考核心素养时代对人才培养提出的新要求，重新调整了课程目标，将原有五种素养聚焦为更具体、更具指向性的六大素养——健康、自信、坚毅、友善、乐学、善思。我们大刀阔斧调整课程各领域内容，并设置“劳动技术”领域，使课程五大领域直接指向德、智、体、美、劳，形成了3.0版幸福素养课程五育并举的课程格局。

核心素养的课程化实践，体现了我们对“整体育人”的新思考，在深层次上带来了教师育人观念和育人行为的转变。所以客观上讲，以核心素养培养为指向对课程内容进行结构性调整，是学校课程建设与优化的必由

之路、必要手段，也是落实“立德树人”根本任务的关键前提，有三条需要遵循的基本原则：

一是设置上要体现多元化，德、智、体、美、劳五育并重，从不同角度为学生素养形成提供必要的发展平台。

二是组织上要突出融合性，彼此融通、相辅相成、协同发力，能产生一加一大于二的效益。

三是实施上要强化自主性，最大限度为学生全面发展与个性需求创设空间，让课程真正成为学生的课程。

后来我们反思2016年对课程内容的结构性调整，让我们为之兴奋的是，2018年“构建德、智、体、美、劳全面培养的教育体系，培养德、智、体、美、劳全面发展的社会主义建设者和接班人”的提出，我们惊喜地发现，幸福素养课程五育并举，方向走对了。所以如何通过课程的优化为学校发展赋能，我想，首先要确定“做正确的事”，其次是坚持“正确地做事”。如果可以以小见大，中国的教育改革又何尝不是如此呢?

三、以跨学科融合的课程化实施提升课程内涵品质

早在课程建设之初，我们就有了朴素的跨学科融合育人思想，即“综合性学习”的设计。后来，这样的思想以融合性课程实践为路径，始终伴随课程改革的步伐。

2017年，我校启动了“中芬教育交流与培训合作项目”，开始基于国际视野进行“跨学科融合理念”的实践研究，内容涵盖数学、英语、科学和融合性课程四个领域，采取线下驻校集中交流和线上常态沟通相结合的方式推进，通过跨学科融合的“整体育人”优势，来提升课程的内涵品质，推进课程的国际化水平。

目前，这个项目已先后开展了八期集中活动，近三十位芬兰专家到校

交流，教师累计二千五百余人次参与交流，累计研磨、观摩课例七十余节，组织专题讲座、研讨等活动一百余次。伴随项目的实施，干部和教师也对跨学科融合理念都有了更深的思考和更多的实践：

课程方面，我们不仅对幸福起航、主题研究、戏剧表演等融合性课程在内容、形式上有所突破，还开发了家政和编程课程，建成了家政教室、“五E”空间。

教研方面，加大跨学科协同教研力度，为教师全学科素养提升及跨学科融合理念的落地开辟了快捷通道。

教学方面，真思考、真实践、真探究成为老师们的基本追求，学习内容的选择、学习方式的设计和学生生活实际紧密联系，使学习更真实“发生”。

幸福素养课程内涵品质的提升所带来的诸多改变让我们意识到，跨学科融合是打通课程内部血脉的重要途径和手段。虽然每一类课程都相对独立，但从“全面育人，促进人的全面发展”视角来看，学校全部课程又是一个有机整体，每一类课程间都有着内在、必然的联系。这就要求我们在课程建设中，既要见“树木”，更要见“森林”。

四、以五育融通的课程化推进实现课程的整体优化

2019年，全教会刚刚结束不久，我们召开过一次学术研讨会，主题是“五育并举，为学生的幸福人生奠基”。2021年，我们原计划是要再次召开学术研讨会，主题是“五育融通，培养幸福的学习者”，但因新冠肺炎疫情等原因被搁置。从五育并举到五育融通，我们一直在探索该如何以这样的理念或思维来引领学校课程新时期，特别是在“双减”背景下的整体优化。

4.0版幸福素养课程在坚持原有五大领域的前提下，结合“双减”的要求，重新为“基础、拓展、融合”三类课程进行了目标定位：基础性课程是高水准落实国家课程标准要求，侧重五育并举、学科育人，关注对生命的尊重，对幸福的守护；拓展性课程是在发展学生学科素养，侧重五育融合、全面育人，关注学生发展的可持续和对未来挑战的应对；融合性课程是落实综合素养的培养，侧重五育共美，引导学生回归生活，在自主解决实际问题过程中实现真实成长。目前，在这一新目标指引下，原有八大精品拓展课程已扩展为十大精品课程，覆盖“德、智、体、美、劳”各个领域。而且又增设了新的融合性课程——“快乐种植”，扩建了“小蚂蚁”农场，使劳育在孩子综合素养水平提升中的比重得到强化。这次整体优化，进一步促进了课程内容的横纵联动、彼此呼应，五育融通、协同发展的课程格局得到了比较明显的完善。

我们从中更深刻地意识到，生命是多姿多彩的，是融合发展的，所以课程一定要成为适合生命成长的舞台。已故陶西平老先生毕生主张“实现教育过程的整体优化”，而课程的优化肯定是其中的重中之重。当然，所谓“优化”不是优秀、优异，而是动态的调整、协调。这件事永无终点，永远是学校发展最强劲的动能。

上述即是我校幸福素养课程不断优化的实践历程，包括我们的一些思考，由于时间关系我谈得比较简单。最后，对于以课程优化赋能学校发展，再谈三点建议：

一是要有大视野，得站在“全人教育”高度关注学生健全人格的培养，让每个生命个体的潜能都能得到自由、充分、全面、和谐、持续的发展。

二是要有大格局，得立足“构建德、智、体、美、劳全面培养的教育体系”去探索家、校、社一体化育人模式，不断增强育人的系统性与合力。

三是要有大情怀，得坚守“为党育人、为国育才”的信念与担当，把育人实践、学生成长同中华民族的伟大复兴紧密联系，不断增强使命感与前行的动力。

谢谢大家！

附 录

聚焦新政共识重建　营建良好教育生态

——中国教育三十人论坛第八届年会总结报告

2021年12月4日至5日，中国教育三十人论坛第八届年会在北京举行，主题为“中国教育大变革”。本届年会采用线下为主、线下线上结合的方式进行。国内著名的思想家、教育家、企业家、地方教育管理者及一线校长教师等四十余位嘉宾发表演讲，在线观看直播人数七百六十三万，五十余家新闻媒体参与报道了年会盛况。

本届年会内容丰富多彩，先后举行了一场主题论坛和六场专题论坛。六场专题论坛话题涉及“‘双减’：难点与对策”“普职分流：如何缓解焦虑?”“元宇宙对教育意味着什么”“家庭教育如何适应教育新政”“新形势下的地方教育治理”“让教育变成幸福的事情”等。

这些演讲坚持问题导向，深入探讨教育大变革前瞻与策略应对，提出了很多富有建设性的建议。现将各位演讲嘉宾的观点汇报如下，仅供参考。

一、教育更需转型升级高质量发展

现在大学的问题在于学科的设置不能与社会需求相适应，也就是说培养的学生不一定适应企业的需求。很多大学生就业的目标偏向公务员，如果考不上公务员就送快递、送外卖，或者干脆躺在家里依赖于父母。教育应该是事业，而不应该是产业。若资本以营利的性质进入教育，那对老百姓来说非常不公平。

专家指出：当前普遍存在的企业需求的人员不足和高校毕业生就业困难是由结构性矛盾造成的。“十三五”时期我国高等教育普及率达到54.4%，已经进入了大众化阶段，但大学生文凭不等于水平。缓解就业难问题，需要增强产学研合作，让学校和企业有更多交流。

二、“双减”下一步应该怎样做

“双减”就是要重构中国基础教育的育人模式和良好生态。“双减”中的问题是前行过程中的问题。再往下走，要想得更远一点，走得更实一点，把负面的效应减少到最小程度。

专家指出：在未来的教育中，应该强化新生命课程，拓宽生命的长宽高；强化新智识课程，培养人思维的洞见力；强化新德育课程，为了人类的可持续发展；强化新艺术课程，为了心灵的创造性；强化特色课程，为了个性的张扬。对于学习内容、学习方式的变革和改造，要从单纯的学校走向其他学习场所，从固定的学习走向弹性的学习，从学历社会走向学力社会。

三、更新教育文化，反对升学主义

今天仍在宣传只有上大学才能改变命运，这对社会价值观是很大的误导。升学主义违背了社会经济生活对多样化人才的客观需求，这就是工厂招不到人的原因。升学主义否定了人对幸福生活需求的多样性，助长了学历高消费，使学校沦为升学率竞争、培养“小镇刷题家”“二流机器人”的培训机构。

专家指出：今天的教育要从人力资源、人才重新回归到人，回归到树人、育人教育的核心概念。义务教育应当点燃、启蒙、激发、照亮每一个学生，应当为学生的健康成长发展和终身幸福服务，应当关注大多数学生和弱势学生，而不只是少数能够“跳龙门”的“锦鲤”。

四、“双减”背景下家庭教育的回归

“双减”改革给学校教育、家庭教育以及社会教育带来三个重大的倒逼机制。一是学校靠超长学习时间提高升学率的道路被斩断了。二是题海战术行不通了。三是大量学科补习的时间和空间被规范。过去的家庭教育完全成了学校教育的附属物，家庭教育就是刷题和补习，没有独立性，丧失了它应该承担的责任。

在当前改革的大背景之下，家庭教育面对新的挑战。为此，专家呼吁科学的家庭教育、呼唤美好的家庭建设、呼唤温馨的家庭生活、呼唤和谐的家校协同。

五、“减负”是一场教育改革，而非社会运动

目前不少地方在落实“双减”过程中，简单地缩短学习时间、减小学习难度、降低评价标准等，虽然也能减轻中小学生的学业负担，但这样简单粗暴的减负，绝非我们这场教育改革的本意。这种简单粗暴的减负，虽然短期内有可能迅速减轻中小学生学业负担，但是与我们教育改革“提高民族素质，多出人才，出好人才”的根本目的是背道而驰的。

专家认为：减轻中小学生过重学业负担，并不是简单地让孩子们学得少一点、学得简单点，而是要让孩子们学得轻松活泼一点，在兴趣盎然的状态下学得更多、学得更快、学得更好。减负只是我们达成优异教育政绩的手段之一，因此，减负本身不是政绩，培养出一大批优秀人才，才是真正的政绩。在落实“双减”改革的过程中，“减轻学业负担”，绝不能简化成“减轻学业”。

六、“双减”背景下，如何减轻中小学教师负担

有专家做了一份关于《“双减”背景下，中小学教师负担变化的问卷调查报告》，调查收到有效样本6653份，覆盖了全国三十一个省、市、自治区。调查显示，学业压力仍然是教师的最大负担。关于教师负担的来源，从专业类方面来看，教师面临的学生成绩（升学率、平均分、优秀率

等）考评、班级管理考评、作业批改和教案检查、教学设计与教学研究考核分别占比为81.21%、62.81%、65.83%以及46.72%。此外，从时间方面来看，教师们的负担主要来自节假日上班、开会、其他组织活动和非正常教学时间内的早晚自习。教师的非教育性社会事务与政府部门检查占比90.37%，明显高于家校沟通占比47.71%。只有解放教师，才能解放孩子。只有减轻已有的不合理负担，才能够真正把减负落到实处。

专家指出：减掉非教学任务，让教师拥有更多从事本职工作的时间；减少形式主义的各级各类评估、检查、验收；发挥社会资源优势，由社会资源提供课后延时服务。

七、普职分流如何缓解家长的焦虑

不少家长担心孩子考不了好成绩，就意味着上不了高中，只能被“普职分流”，被迫上职业学校。于是，报班、请一对一家教，暗中发力较劲，似乎成了抗衡“普职分流”的最好办法。初中阶段一对一辅导费也水涨船高，有的城市名师辅导收费高达2000元/小时，家长直呼不堪重负，焦虑不安。

专家指出：社会焦虑源于职业教育的导向不鲜明。缓解社会焦虑，需要提高职业教育的质量和社会认同感，推动职业教育科学发展。职业教育政策的着力点应该放在和普通教育同等重要的方面，如经费的投入等。改变考试招生制度，把职教高考引入普通高考的内容和机制的变革中，培养技能型、技术型、操作型、应用型人才。加强职普融通或职普沟通。通过国家资历框架制度，解决职业教育的学历和普通教育学历之间的互通互认互换的关系。

中国教育三十人论坛

2021年12月10日

中国教育三十人论坛第八届年会演讲嘉宾名单

（按演讲顺序排列）

杨东平　国家教育咨询委员会委员，21世纪教育研究院理事长，中国教育三十人论坛成员

乔卫兵　中译出版社社长、总编辑

杨　丹　中关村互联网教育创新中心主任

曹德旺　福耀玻璃集团创始人、董事长

朱永新　中国陶行知研究会会长，新教育实验发起人，中国教育三十人论坛成员

张志勇　国家教育考试指导委员会委员，北京师范大学中国教育政策研究院执行院长，中国教育三十人论坛成员

项贤明　南京师范大学教育科学学院教授、教育理论与政策研究院院长，民进中央教育委员会副主任，中国教育三十人论坛成员

李镇西　新教育研究院院长，成都市武侯实验中学原校长，中国教育三十人论坛成员

檀传宝　北京师范大学教育学部教授

储朝晖　中国教育科学研究院研究员

刘　畅　一起教育科技创始人、董事长兼CEO

陆云泉　国家督学，中国教育学会中小学整体改革专业委员会理事长，北京一零一中教育集团校长

刘可钦　北京中关村第三小学校长

和　震　北京师范大学国家职业教育学院院长、教授

于东平　北京市教育学会职业技术教育研究会专家委员会主任

田志磊　北京大学中国教育财政科学研究所副研究员

邢　晖　国家教育行政学院学术委员会主任、职业教育研究中心主任
马志娟　爱哲教育创办人，爱哲安民未来学校校长
王　欢　北京史家教育集团党委书记、校长
詹大年　昆明丑小鸭中学校长，全国爱心与教育研究会会长，中国教育学会教育策划学术委员
徐智明　家庭教育研究者，北京阅读季十大金牌阅读推广人
张　进　《渡过》系列丛书作者，渡过平台创始人
郑茹君　涂思美育内容研发总监
乔卫兵　中译出版社社长、总编辑
石　岚　咖菲科技创始人，中国教育三十人论坛执行秘书长
余　晨　易宝支付总裁及联合创始人，江苏银行独立董事
王乐京　谦润认知科技董事长
赵国栋　《元宇宙》第一作者，中关村大数据产业联盟秘书长
李骏翼　清华美院社会美育研究所学术委员
李许珊珊　罗布世界 RLC 社区 CEO
施文龙　上海市奉贤区教育局局长
明建平　天津市和平区教育局党委书记、局长
杨　华　内蒙古乌兰浩特市教育局三级调研员
刘大伟　南京市雨花台区教育局副局长
李从华　江西省赣州市石城县教育科技体育局局长
梁　斌　甘肃省平凉市静宁县教育局局长
文东茅　北京大学教育学院教授，中国教育发展战略学会副会长，中国教育三十人论坛成员，“初心幸福教育之家”发起人
王嘉颖　北京大学教育学院幸福教育科研助理
陈必春　广州市长兴中学副校长

郭书广　河南省新郑市崇文中学创办首任校长
宫世元　河北省三河市燕灵路小学班主任
朱雪晴　浙江省杭州市萧山区银河实验小学督学、新教育研究中心副主任
付俊华　山东省聊城市冠县斜店乡中学党支部书记、校长
隋红军　北京市海淀区五一小学教育集团校长助理、办公室主任

中国教育三十人论坛成员名录

国际学术顾问

穆罕默德·尤努斯　孟加拉国经济学家，诺贝尔和平奖获得者

学术顾问

顾明远　北京师范大学教授，中国教育学会名誉会长

吴敬琏　国务院发展研究中心研究员，中欧国际工商学院讲席教授

唐　虔　联合国教科文组织前助理总干事

张信刚　香港城市大学前校长，英国皇家工程院外籍院士

正式成员

（以姓氏笔画为序）

王嘉毅　中共甘肃省委常委、秘书长，甘肃省教育厅原厅长

文东茅　北京大学教育学院教授，中国教育发展战略学会副会长

石中英　清华大学教育研究院院长，北京明远教育书院院长

朱永新　民进中央副主席，全国政协常委、副秘书长

汤　敏　国务院参事，友成企业家扶贫基金会常务副理事长

严文蕃　马萨诸塞大学波士顿分校终身教授，教育领导系主任

李希贵　北京十一学校联盟总校校长，中国教育学会副会长

李镇西　新教育研究院院长，成都市武侯实验中学原校长

杨东平　国家教育咨询委员会委员，21 世纪教育研究院理事长，北京理工大学教授

张民选　联合国教科文组织教师教育中心负责人，上海师范大学原校长

张志勇　北京师范大学中国教育政策研究院执行院长，山东省教育厅原一级巡视员

张卓玉　教育部中考改革专家工作组副组长，山西省教育厅原正厅长级督学

陈平原　中央文史馆馆员，北京大学博雅讲席教授

邵　鸿　全国政协副主席，九三学社中央常务副主席

季卫东　上海交通大学日本研究中心主任

周国平　中国社会科学院哲学研究所研究员

周洪宇　全国人大常委会委员，湖北省人大常委会副主任，华中师范大学教授

项贤明　南京师范大学教育科学学院教授、教育理论与政策研究院院长，民进中央教育委员会副主任

袁振国　华东师范大学终身教授，中国教育学会副会长

钱颖一　全国工商联副主席，国务院参事，清华大学经济管理学院原院长

徐　辉　全国人大宪法和法律委员会副主任委员，民盟中央副主席

程介明　香港大学原副校长，香港大学荣休教授

谢维和　清华大学校务委员会副主任，清华大学原副校长